ACHTSAM ESSEN
gesund leben

Nadine Hüttenrauch

ACHTSAM ESSEN
gesund leben

MIT INTUITIVER ERNÄHRUNG ZUM
PERSÖNLICHEN WOHLBEFINDEN

CHRISTIAN

Kochen
ist
Liebe

100 g Liebe
Eine Prise Leidenschaft
1 Esslöffel Zeit
3 P... d Geschmacksknospen
1 ...her geschärfte Sinne
50 g Muße

INHALT

VORWORT

ÜBER MICH

Wie wird aus einem Kind, das sich am allerliebsten von Fleisch, Nudeln und Weißbrot mit Butter ernährt, ein Mensch, dessen Leidenschaft gesunde Ernährung ist und der diese Leidenschaft sogar zum Beruf gemacht hat?

Die Antwort darauf ist meine persönliche Ernährungsgeschichte. Diese Geschichte hat mich dazu gebracht, nicht nur meine Ernährung zu verändern sowie herauszufinden, dass eine gesunde Ernährungsweise am Ende immer individuell ist, sondern auch meinem Herzen zu folgen und mich als Coach, Trainerin und Redakteurin im Bereich Essen und Ernährung selbstständig zu machen.

Die Crux an der Ernährung meiner Kindheit war, dass es bei uns zu Hause das beste Essen gab. Meine Mutter kaufte in erster Linie auf dem regionalen Biobauernhof, es gab Dinkelbrötchen und zuckerarme Süßigkeiten. Doch wie viele Kinder hatte ich wenig Interesse daran. Was ich damals verschmähte, erkannte ich erst Jahre später als den Türöffner in eine gesunde Ernährungsweise. In einem extrem stressigen Arbeitsumfeld als Unternehmensberaterin achtete ich relativ wenig auf meine Ernährung. Als es jedoch zum wiederholten Mal vorkam, dass mein Abendessen aus der Packung Nüsse aus der Minibar bestand, und ich insgesamt unter immer stärkeren Verdauungsbeschwerden litt, entschied ich mich, der mir in der Kindheit bereits nahegebrachten gesunden Ernährung doch eine Chance zu geben. Mit Erfolg! Ich reduzierte stark verarbeitete Nahrungsmittel sowie Zucker und aß Milch- und Weiß-

mehlprodukte nur noch in Maßen. Statt Fertigmahlzeiten zu kaufen, kochte ich jetzt immer öfter selbst, und zwar mit mehr Gemüse, alternativen und vollwertigeren Getreidesorten und qualitativ hochwertigeren tierischen Produkten. Das Resultat war, dass meine Verdauungsbeschwerden nachließen und ich mich insgesamt wohler fühlte. Das war für mich so faszinierend, dass ich mich intensiver mit gesunder Ernährung beschäftigte und eine Leidenschaft für das Thema entwickelte. Doch die positive Wirkung dessen schlug irgendwann ins Gegenteil um: Ich begann mehr und mehr Lebensmittelgruppen wegzulassen, mich vegetarisch zu ernähren, und als auch noch Low Carb mit ins Spiel kam, verlor ich die Freude und den Genuss am Essen. Plötzlich bestand meine Ernährung vor allem aus Verzicht und schlechtem Gewissen.

Als ich das erkannte, entschied ich mich, sämtliche Regeln und Verbote, die ich irgendwo aufgeschnappt und mir selbst übergestülpt hatte, über Bord zu werfen. Stattdessen nahm ich mir vor, von nun an sowohl meinem Verstand als auch meinem Körper als Ernährungsratgeber zu vertrauen. Ohne es damals bewusst zu wissen, begann ich, selbst Verantwortung für meine Ernährung und mein Wohlbefinden zu übernehmen, mit mehr Achtsamkeit und Intuition zu essen und meinem Körper das zu geben, was er brauchte und für ihn verträglich war. Damit kamen ganz automatisch Genuss und Freude am Essen zurück, und ich verstand, dass eine gesunde Ernährung letztlich immer individuell ist und dass nicht nur was wir essen essenziell ist, sondern wie wir essen einen

mindestens genauso wesentlichen Teil einer gesunden Ernährung ausmacht.

Später, im Rahmen meiner Ausbildung zur Gesundheits-, Ernährungs- und Lebensberaterin, stieß ich auf den Ansatz der Achtsamkeitslehre – genau genommen den Ansatz der *Mindfulness Based Stress Reduction* (MBSR) von Jon Kabat-Zinn, der auch achtsames Essen beinhaltet. Was ich intuitiv umgesetzt hatte, wurde an anderer Stelle gelehrt.

Heute bilden Ganzheitlichkeit, Individualität und Achtsamkeit die Grundpfeiler meiner Arbeit als Ernährungs- und Gesundheitscoach – und auch die Basis für dieses Buch.

KOPFSACHE UND BAUCHGEFÜHL

Hast Du Dich auch schon einmal gefragt, warum bei alldem Wissen rund um eine gesunde Ernährung, bei den vielen Ernährungsansätzen und Diäten dennoch eine Unsicherheit darüber besteht, was nun wirklich gesund und der »richtige« Weg ist? Denn trotz dieses Wissens und der vielen Ansätze steigt die Zahl von Verdauungsproblemen und anderen Beschwerden, die mit der Ernährung in Zusammenhang gebracht werden. Und nicht zuletzt wird das Thema Gewicht ein immer größeres inklusive der Frustration, die mit erfolglosen Abnehmversuchen und Diäten einhergeht. Ein Paradox? Nicht unbedingt.

Zum einen sind die Informationen rund um gesundes Essen – in Ratgebern oder sonstigen Buchveröffentlichungen, Zeitschriften bis hin zu Social Media – oftmals widersprüchlich. Der eine empfiehlt das, der andere das Gegenteil. Hintergrund hierfür ist, dass wir Menschen eben Individuen sind. Jeder ist anders, und jeder isst anders. Wobei es eigentlich heißen müsste: verdaut anders, verstoffwechselt anders, verträgt etwas anderes, hat eine andere Genetik und andere Bedürfnisse. Genau deswegen gibt es so viele Ernährungsansätze, Diäten, Tipps und Ratschläge – weil es eben auch so viele Individuen gibt, die alle etwas anderes brauchen. Was dem einen guttut, muss nicht gleichzeitig das Richtige für den anderen sein.

Doch genau weil wir denken, dass andere die Lösung für uns haben, hören wir weniger auf uns selbst, unseren Körper und unsere eigenen Bedürfnisse. Mir ging es (und geht es teilweise heute noch) ähnlich. So habe ich beispielsweise lange Zeit mittags Salat gegessen, weil ich doch »wusste«, dass er gesund ist und viele Nährstoffe enthält. Dass ich danach jedoch meist Verdauungsbeschwerden und einen Blähbauch hatte, habe ich einfach ignoriert. Heute ist mir bewusst, dass ich persönlich warmes und gekochtes Essen besser vertrage.

Was Ernährung betrifft, so entscheidet häufig der Kopf: »Das ist gesund, das sollte ich essen« und »Das ist ungesund, dass sollte ich meiden«. Kein Wunder, wenn Buch-, Zeitschriften- und Internet-Empfehlungen eben genau an unseren Verstand appellieren. Während das Bauchgefühl – was in diesem Fall im wahrsten Sinne des Wortes gemeint ist – immer weniger beachtet wird. Doch ist es nicht letztlich der Bauch, der das Gegessene verarbeiten darf, und unser Körper, der die Nährstoffe verstoffwechselt?

Trotzdem lassen wir unseren Kopf entscheiden. Und essen wir ausnahmsweise mal nicht kopfgesteuert, dann essen wir gerne gleich ganz ohne Bewusstsein: vorm Fernseher, vorm Computer, mit dem Handy in der Hand, die Nachrichten lesend, durch die sozialen Medien scrollend oder auf dem Weg irgendwohin. Kurz: nebenbei, abgelenkt und achtlos.

Fazit: Entweder wir widmen dem Essen zu wenig Aufmerksamkeit oder zu viel »Kopf«. Daher sollten wir wieder lernen, auf unser Inneres zu achten, unser natürliches (Körper-) Bewusstsein wahrzunehmen, unserer Intuition zu vertrauen und dementsprechend zu handeln. Das bedeutet nicht, den Verstand,

was die Ernährung betrifft, vollkommen außer Acht zu lassen. Vielmehr beinhaltet es, den Verstand gemeinsam mit unserem Bewusstsein zu nutzen, um Gelesenes und Gelerntes zu hinterfragen und die Antwort darauf für sich selbst herauszufinden. Versteckte Gewohnheiten und unbewusste Muster aufzudecken und sie zum Besseren zu verändern – was auch immer das individuell heißt. Verantwortung für sich und die eigene Ernährung zu übernehmen. Um mit alldem die individuell passende Ernährungsweise zu finden. Eine Ernährungsweise, die gesund hält, die die persönliche Wohlfühlfigur unterstützt – ob das nun mehr oder weniger Gewicht bedeutet –, die das Vertrauen in das eigene Selbst insgesamt festigt,

die die Wertschätzung dem Körper gegenüber steigert und die damit der Gesundheit insgesamt zugute kommt. Und die gleichzeitig langfristig umzusetzen ist, weil sie den eigenen Bedürfnissen und Anforderungen entspricht und anstatt auf Verzicht, Regeln und Dogmen, auf Balance, Freude am Essen und Genuss basiert.

Diese Ernährungsweise kann nicht rein auf dem »Was wir essen« basieren. Sie darf darüber hinaus das »Wie wir essen« beinhalten und außerdem das »Warum«, genauso wie das »Wieviel«, das »Wann« und das »Woher« beleuchten. Das gelingt mit Aufmerksamkeit, Wachheit, Bewusstsein, Gewahrsein, kurz: mit Achtsamkeit.

FÜR WEN IST DIESES BUCH?

Vielleicht hast Du Dich bereits in den einleitenden Worten an der einen oder anderen Stelle wiedergefunden. Im Prinzip ist dieses Buch für jeden geeignet, der eine gesündere Ernährungsweise und mehr Wohlbefinden anstrebt. Ganz egal, wie Du Dich gerade ernährst, ob Du Dich schon lange mit dem Thema gesundes Essen befasst oder gerade erst damit beginnst, ob Du es vor dem Hintergrund tust, weil Du gesünder leben, weil Du Deiner Wunschfigur näher kommen oder weil Du endlich Frieden mit Deinen Gedanken rund ums Essen oder Dein Gewicht machen möchtest. Das Buch ist für Dich, wenn Du verunsichert bist, wie die richtige Ernährung aussieht, wenn Du Dich von dem ständigen Diäten-Auf-und-Ab befreien oder wenn Du Dich von immer neuen Ernährungstrends nicht mehr verunsichern lassen möchtest. Es ist für Dich, wenn Du eine insgesamt gesunde und entspannte Beziehung zu Essen und letztlich auch Dir selbst aufbauen und damit die Basis für Dein ganz persönliches Wohlbefinden und ein insgesamt gesundes Leben schaffen möchtest.

WIE FUNKTIONIERT DIESES BUCH?

»Achtsam essen, gesund leben« ist Ernährungsratgeber und Kochbuch in einem. Zunächst erkläre ich Dir, was Achtsamkeit eigentlich ist – basierend auf dem Ansatz von Jon Kabat-Zinn, dem Begründer von *Mindfulness Based Stress Reduction* (MBSR). Du wirst lernen, was Achtsamkeit in Bezug auf die Ernährung bedeutet und was die sechs Bereiche von achtsamem Essen sind. Da Achtsamkeit und achtsames Essen letztlich nicht mehr als Begriffe sind und sie erst durch Erfahren und Erleben wirklich verständlich werden, gebe ich Dir zahlreiche Tipps zum Einstieg und zur Umsetzung mit. Außerdem habe ich Dir ein Drei-Tage-achtsam-essen-Programm zusammengestellt, in dem Du lernst, Achtsamkeit und achtsames Essen in die Praxis umzusetzen.

Die Rezepte, die ich für Dich kreiert habe, dienen ebenso der Erfahrung achtsamen Essens. Die Gerichte sind naturbelassen, nährstoff- und abwechslungsreich, mit vielen pflanzlichen Zutaten und mit Blick auf Regionalität entwickelt. Du kannst Dich genau an die Vorgaben halten oder sie als Art Basisidee sehen. Ich lade Dich ein, Zutaten nach Geschmack, Bedürfnissen und nach der jeweiligen Saison anzupassen und zu gestalten. Ebenso sind die Mengen frei variierbar – achte auf Deine Hunger- und Sättigungsgefühle. Beachte, dass Du sowohl bei der Auswahl der Gerichte, als auch beim Einkauf, der Zubereitung und dem Verzehr die Möglichkeit hast, bewusst zu sein und Achtsamkeit zu praktizieren. Wie genau, das erkläre ich Dir jetzt.

Theorie zum Einstieg

JEDER IS(S)T ANDERS

Aus meiner Sicht gibt es
genau eine richtige Ernährungsweise:
Deine eigene.

WAS IST ACHTSAMKEIT?

Achtsamkeit wird als Begriff immer prominenter und als Ansatz immer relevanter – sicherlich nicht zuletzt dank des ständig voller und ständig schneller werdenden Alltags. Was Achtsamkeit genau ist, scheint jedoch nicht immer ganz klar zu sein, da sie in unterschiedlichen Zusammenhängen und Kontexten auftaucht. Grundsätzlich hilft es, sie im Zusammenhang ihrer Relevanz zu verstehen.

Frage Dich einmal selbst: Wie oft bist Du mit Deiner Aufmerksamkeit wirklich im jetzigen Moment? Wie oft bist Du mit Deinen Gedanken schon bei der nächsten Aufgabe, dem nächsten Termin? Oder noch etwas weiter in der Zukunft, bei Dingen, die Du erreichen möchtest, oder bei der Vorstellung »Wenn ich das erreicht habe, dann kann ich endlich glücklich und zufrieden sein«, wie dem Erreichen der Wunschfigur oder wenn Du es endlich schaffst, Dich gesund zu ernähren? Wie oft bist Du in der Vergangenheit? Bei Vergangenem, das vielleicht hätte anders laufen sollen? Vielleicht bei dem Stück Kuchen als Nachtisch, auf das Du doch eigentlich verzichten wolltest und es jetzt bereust? Oder dem Salat, den Du anstatt der Pasta hättest essen sollen?

Und beschäftigst Du Dich regelmäßig mit mehreren Sachen gleichzeitig? Arbeiten und nebenbei die neuesten Beiträge auf den sozialen Medien durchgehen. Essen und dabei vorm Computer oder dem Fernseher sitzen. Eine Unterhaltung führen und dabei Nachrichten beantworten. Wie häufig streicht das Leben unbeachtet an Dir vorbei?

> *Achtsamkeit ist die Bewusstheit,*
> *die eintritt, wenn man dem gegenwärtigen*
> *Moment gewollt und nicht wertend*
> *seine Aufmerksamkeit schenkt.*
>
> Jon Kabat-Zinn

Das heißt, Achtsamkeit ist ein gewolltes Bewusstsein und ein Bewusstsein, das nicht bewertet, was jetzt gerade ist.

Das moderne Leben – so viele Vorteile es auch mit sich bringt – entfernt uns von dem Leben im jetzigen Moment. Ständig sind wir mit unserer Aufmerksamkeit irgendwo anders. Dabei ist das Jetzt der einzige Augenblick, der relevant ist, denn Vergangenes ist vorbei und die Zukunft ist noch nicht da. Wann kannst Du wirklich etwas erleben? Wann kannst Du etwas erfahren? Wann kannst Du fühlen? Wann kannst Du etwas verändern? Nur im jetzigen Augenblick.

Achtsamkeit unterstützt dabei, immer wieder zurück in das Jetzt zu finden, »wacher« zu sein, anstatt wie auf Autopilot durch das Leben zu wandeln. Verantwortung für sich und das eigene Leben zu übernehmen. Die Aufmerksamkeit für die kleinen Dinge zu schärfen, die das Leben so lebenswert machen. Dabei das Jetzt anzunehmen, so, wie es ist – ohne jegliche Wertung –, und damit auch den Druck zu nehmen, ständig nach irgendetwas streben zu müssen. Dadurch dankbarer zu sein, zufriedener und erfüllter. Und gleichzeitig eröffnet Achtsamkeit die Möglichkeit wirklicher Veränderung, da sie uns im jetzigen Moment handlungsfähig macht.

Achtsamkeit ist keine weitere Tätigkeit, die es zu erledigen gilt, sondern es ist die Art und Weise, wie wir die Dinge tun, wie wir essen, wie wir leben, wie wir mit uns selbst, mit anderen und auch unserer Umwelt umgehen.

WAS IST ACHTSAMES ESSEN?

Egal was wir tun, wir können dabei immer achtsam sein. Duschen, Zähne putzen, zur Arbeit gehen, mit Familie und Freunden Zeit verbringen, eine Nachricht schreiben und eben essen. Dabei ist vor allem essen eine wundervolle Möglichkeit, achtsam zu sein. Denn es ist greifbar, es spricht alle unsere Sinne an und wir tun es regelmäßig.

Gemäß der Definition von Achtsamkeit bedeutet auch achtsames Essen, dem Essen Deine bewusste Aufmerksamkeit zu schenken, ohne jegliche Wertung. Nicht nur langsamer zu essen und wahrzunehmen, wie ein Lebensmittel schmeckt oder riecht, sondern ebenso sich zu vergegenwärtigen, wie sich Essen auf unseren Körper, unseren Geist und unsere Umwelt auswirkt. Achtsames Essen geht über das »Was wir essen« (Nahrung) hinaus und beinhaltet einen ganzheitlichen Blick auf die Ernährung, der auch das »Wie wir essen« (Essverhalten) und »Warum wir essen« (Essensgründe) umfasst.

Im Gegensatz zu vielen Ernährungsweisen wird beim achtsamen Essen eine Veränderung von innen heraus erzeugt. Anstatt Deine Ernährung durch einen vorgefertigten Ernährungs- oder Diätplan »von der Stange« zu verändern, wirst Du beim achtsamen Essen mit mehr und mehr Körperwahrnehmung, Bewusstsein und Vertrauen auf Deine innere Weisheit und Intuition essen und von hier aus Veränderungen entstehen lassen.

Indem wir dem Essen und dem Akt des Essens unsere volle Aufmerksamkeit schenken, entsteht fast wie von selbst eine gesündere Auswahl, die dem individuellen Wohlbefinden zugutekommt – unabhängig von Foodtrends und Diätdogmen. Indem die eigenen Bedürfnisse geachtet werden, entsteht eine Wertschätzung gegenüber sich selbst und dem eigenen Körper inklusive seiner einzigartigen Form. Es entstehen mehr Genuss, Freude, Dankbarkeit und damit ein gesteigertes Maß an Befriedigung durch Essen, die sowohl den Körper als auch den Geist nährt und die eine gesunde und entspannte Beziehung zum Thema Ernährung entstehen lässt. Zu guter Letzt entsteht durch das erweiterte Bewusstsein gegenüber der Herkunft unseres Essens eine nachhaltigere Auswahl von Lebensmitteln, die der Umwelt insgesamt zugutekommen kann.

Das Schöne ist: Unabhängig davon, wie Du Dich ernährst oder wo Du isst, kannst Du achtsames Essen praktizieren. Das bedeutet, es ist für jedermann und jederzeit anwendbar. Egal ob Du Veganer bist, Dich nach der Paleo-Diät ernährst, Dich an Clean-Eating-Richtlinien hältst, Kohlenhydrate weglässt oder nicht, Fleisch liebst oder ob Du Dir bisher noch überhaupt keine Gedanken zu Deiner Ernährung gemacht hast. Es ist auch egal, wie alt Du bist, ob Du viel reist oder nicht, eher in Restaurants isst oder lieber selbst kochst – mit Achtsamkeit zu essen geht immer und überall.

Achtsam essen

DIE SECHS BEREICHE
ACHTSAMEN ESSENS

Nicht nur das, »was« wir essen,
sondern auch »wie viel«, »wie«, »wann« und
»warum« wir essen – und »woher«
dieses Essen stammt –, ist ein wesentlicher
Teil einer gesunden Ernährung.

DAS WAS

Das »Was«, also die Nahrung, die wir tagtäglich zu uns nehmen, versorgt uns mit Energie, mit Nährstoffen, die unser Körper für diverse Prozesse und Funktionen oder als Bausteine benötigt. Unsere Nahrung kann uns und unserem Organismus dienen, uns am Leben und gesund halten. Sie kann unseren Körper jedoch auch belasten und sogar schaden, wenn sie auf Dauer zum Beispiel zu einseitig ist, zu viele stark verarbeitete Nahrungsmittel oder zu wenige Nährstoffe enthält.

Gesunde Nahrung ist eine wichtige Basis unseres Wohlbefindens. Aber nicht nur aufgrund der enthaltenen Nährstoffe, sondern auch, weil sie eine Form der Wertschätzung gegenüber uns selbst und unserem Körper ist. Je mehr Du beginnst, Achtsamkeit in den Bereich Deiner Ernährung zu bringen, umso mehr wirst Du Dir selbst durch gesunde Nahrung Gutes tun wollen. Aber was genau ist gesund?

GRUNDLAGEN GESUNDER ERNÄHRUNG

Da jeder anders is(s)t, kann man nicht von der einen gesunden Ernährung sprechen, sondern vielmehr der individuell gesunden Ernährung. Dennoch gibt es ein paar einfache Grundlagen gesunder Nahrung, die übergreifend gelten und in den meisten gesunden Ernährungsansätzen zu finden sind:

→ Möglichst natürliche und nährstoffreiche Lebensmittel wählen
→ Die Basis ausreichend pflanzlich gestalten
→ Auf Qualität und Frische achten
→ Regionale und saisonale Zutaten vorziehen
→ Ausgewogen, abwechslungsreich und vielseitig essen

BEKÖMMLICHKEIT UND UNVERTRÄGLICHKEIT

Die Grundlagen gesunder Nahrung sind ein »Grundgerüst«. Der »Ausbau« ist die individuell gesunde Nahrung. Sie basiert auf der jeweiligen Bekömmlichkeit oder auch Verträglichkeit, die maßgeblich für den persönlichen Gesundheitswert eines Lebensmittels ist. Diese Bekömmlichkeit von Lebensmitteln ist u. a. abhängig von Faktoren wie der individuellen Verdauungsleistung, dem Mikrobiom (Darmflora), dem Stoffwechsel, der Genetik, möglichen Krankheiten oder Funktionsstörungen.

Manchmal ist es sehr eindeutig, ob uns ein Lebensmittel oder eine Lebensmittelgruppe gut oder weniger gut bekommt bzw. inwiefern wir sie vertragen. So ist beispielsweise eine Laktoseunverträglichkeit, die mit starken Bauchschmerzen einhergeht, sobald Milch oder Milchprodukte verzehrt werden, relativ eindeutig. Es gibt aber auch weniger bekannte oder offensichtliche Unverträglichkeiten.

Ein Beispiel ist Vollkorn. Vollkorngetreide und -produkte enthalten das volle Korn und damit die darin enthaltenen Nährstoffe. Sie gelten als allgemein gesund. Doch nicht jeder verträgt Vollkorn gleich gut. So können bestimmte Pflanzenstoffe darin bei einem empfindlichen Darm oder bei Funktionsstörungen des Darms Verdauungsprobleme verursachen. (Die Rezepte in diesem Buch beinhalten Vollkornprodukte.

Wenn Du merkst, dass Dir Vollkorn nicht gut bekommt, ersetze die entsprechende Zutat.)

Ein anderes Beispiel ist Salat. Zwar ist er reich an Nährstoffen, aber nicht jedem tut Rohkost gleich gut. Gerade am Abend kann eine große Portion Salat eine Herausforderung für die Verdauung darstellen und Probleme wie Blähbauch, Blähungen oder Krämpfe verursachen. Achte darauf, inwieweit Dir Rohkost bekommt und in welcher Menge, und wähle ggf. eher gekochte und warme Gerichte.

Du wirst merken, dass durch achtsames Essen Deine individuellen Bekömmlichkeiten Schritt für Schritt offensichtlicher und greifbarer werden, indem Körpergefühl und Intuition gestärkt werden. Grundsätzlich kannst Du Dich vor jedem Essen fragen:

→ Wonach ist mir?
→ Was brauche ich?
→ Was braucht mein Körper?

WASSER: UNSER GRUNDNAHRUNGSMITTEL

Bevor ich auf die einzelnen Nährstoffgruppen eingehe, möchte ich auf Wasser als Grundnahrungsmittel Nummer eins hinweisen. Ohne Wasser funktionieren wir schlichtweg nicht, doch oftmals wird das Trinken als Teil der Ernährung vergessen. Wasser versorgt unseren gesamten Körper inklusive seiner Organe mit Flüssigkeit, ist aufgrund seiner Transportfähigkeit dafür zuständig, dass lebenswichtige Nährstoffe in die Zellen gebracht und Abbauprodukte ausgeschwemmt werden, und liefert an sich wertvolle Mineralstoffe.

Vielleicht hast Du selbst schon einmal bemerkt, wie sich ein Zuwenig an Wasser auf Deinen Körper auswirkt. Müdigkeit, Konzentrationsschwäche, Kopfschmerzen oder trockene Haut können Anzeichen für einen Flüssigkeitsmangel sein.

Trinken ist also wichtig und damit fester Bestandteil des achtsamen Essens. Das bedeutet auch, bewusst darauf zu achten, Dich und Deinen Körper mit ausreichend Wasser zu versorgen.

NÄHRSTOFFE: DIE BESTANDTEILE UNSERER NAHRUNG

Was die Bestandteile unserer Nahrung – die Nährstoffe – angeht, so scheiden sich die Geister. Denke nur einmal an die Low-Fat- oder Low-Carb-Diskussionen. Dabei sind Nährstoffe erst einmal nur Nährstoffe, nicht mehr und nicht weniger, und tatsächlich haben sie alle einen Wert für unseren Organismus. Es ist hilfreich, diesen Wert besser zu verstehen, um sowohl der Nahrung als auch den einzelnen Nährstoffen gegenüber mehr Wertschätzung – und weniger (Be-)Wertung – entgegenzubringen. Worauf bei Nährstoffen viel mehr geachtet werden sollte, ist die Qualität und Form der Lebensmittel, in denen sie enthalten sind, sowie deren Verarbeitung und Zubereitung.

Kohlenhydrate: Sie sind der Hauptbrennstoff für unsere Zellen und unser Gehirn. So führt beispielsweise intensive körperliche und mentale Aktivität oder Müdigkeit häufig dazu, dass wir verstärktes Verlangen nach kohlenhydrathaltigen

Lebensmitteln haben. Während Zucker, Süßigkeiten und raffinierte Weißmehle schnelle Energie liefern, können sie zu Blutzuckerschwankungen und Heißhunger führen und langfristig auch zu anderen Beschwerden. Sie enthalten neben den Kohlenhydraten keine oder kaum andere Nährstoffe für den Körper, die ihn bei der Verdauung und Verstoffwechselung unterstützen bzw. ihm anderweitig dienlich sind. Stattdessen stecken in ihnen häufig Zusatzstoffe wie Geschmacksverstärker, Farbstoffe und Ähnliches. Natürliche und vollwertige Kohlenhydratquellen wie Obst, Gemüse, Hülsenfrüchte, Vollkorn- und Pseudogetreide, bei denen es sich grundsätzlich um das ganze Lebensmittel handelt, liefern dagegen neben den Kohlenhydraten viele Nährstoffe wie Vitamine, Mineralstoffe sowie Ballaststoffe.

Ballaststoffe: Hierbei handelt es sich genau genommen um faserreiche Inhaltsstoffe aus der Nahrung. Sie halten u. a. länger satt, wirken positiv auf den Blutzuckerspiegel und unterstützen die Verdauung.

Eiweiß: Ob für die Muskeln, das Herz, Gehirn, die Haare, Nägel, Knochen, Hormone oder Nerven – Eiweiße bzw. Proteine sind der Grundbaustein einer jeden Zelle im menschlichen Organismus und somit für deren Bildung und Erneuerung essenziell. Proteine sind sowohl in tierischen Nahrungsmitteln wie Fleisch, Fisch, Eiern, Milch und Milchprodukten, als auch in pflanzlichen wie Hülsenfrüchten, Getreide, Nüssen sowie einigen Gemüsesorten enthalten, und somit kann sich der Eiweißbedarf durch beide decken lassen. Fleisch wird jedoch in immer größeren Mengen konsumiert. Kam früher Fleisch nur als Sonntagsbraten auf den Tisch, ist das heute bis zu dreimal täglich der Fall: das Wurstbrötchen am Morgen, die Spaghetti Bolognese am Mittag und Hähnchen zum Abendessen. Und das, obwohl zum Beispiel verarbeitetes Fleisch und Wurstwaren mit gesundheitsschädigenden Wirkweisen in Verbindung gebracht werden. Hinzu kommt, dass Fleisch mit anderen Inhaltsstoffen, wie Antibiotika, belastet sein kann und der hohe Fleischkonsum sowohl eine Belastung für die Umwelt als auch der Tiere darstellt, was zu den extrem unwürdigen Bedingungen der Massentierhaltung geführt hat (siehe hierzu auch Kapitel »Das Woher« ab Seite 36). Bei Fleisch sollte daher mehr auf Qualität statt Quantität geachtet und anstelle von Steak, Schinken und Co. auch zu alternativen pflanzlichen Lebensmitteln gegriffen werden. Die Rezepte in diesem Buch sind vegetarisch und vegan, um für eine pflanzenüberschüssigere Ernährung zu sensibilisieren.

Fett: Fette übernehmen diverse Funktionen im menschlichen Körper wie die Energiespeicherung, den Transport und die Lösung von fettlöslichen Vitaminen, den Schutz von Organen wie dem Herz, den Nerven oder den Aufbau von Zellen. Bestimmte Fettsäuren, zum Beispiel Omega-3, wirken sogar antioxidativ, stärken das Immunsystem und hemmen Entzündungen. Es gibt sogenannte gesättigte und ungesättigte Fettsäuren. Gesättigte Fettsäuren kommen vor allem in tierischen Produkten wie Fleisch, Fisch, Eiern und Milchprodukten vor, aber auch in pflanzlichen wie etwa Kokosfett. In zu großen Mengen können sie eine Belastung für unsere Gesundheit darstellen und sollten daher mit Bewusstsein für Maß, Verarbeitung und Qualität konsumiert werden. Gleichzeitig sollte darauf geachtet werden, ausreichend ungesättigte Fettsäuren aus pflanzlichen Fettquellen, wie sie in Nüssen, Kernen, Saaten und kaltgepressten pflanzlichen Ölen zu finden sind, zu sich zu nehmen. Tatsächlich gibt es auch ungesunde Fette, nämlich die Transfette in industriell produzierter Nahrung. Dieser Herstellungsprozess denaturiert ursprünglich gesunde Fette und macht sie damit ungesund. Vor allem in Fast Food, Frittiertem und Fertiggerichten sind Transfette enthalten – daher nur in möglichst geringen Mengen auf den Speiseplan setzen!

Mikronährstoffe: Zu der Gruppe der Mikronährstoffe zählen u. a. Vitamine (Vitamine A, B, C, D, E, K), Mineralien (u. a. Magnesium, Kalzium, Kalium), Spurenelemente (u. a. Eisen, Kupfer, Zink), sekundäre Pflanzenstoffe (u. a. Carotinoide, Flavonoide) und Enzyme. Die meisten Mikronährstoffe können vom Körper nicht selbst hergestellt werden, sind jedoch an diversen Körperfunktionen wie Wachstum, Stoffwechsel oder Energieproduktion beteiligt. Sie müssen also über die Nahrung zugeführt werden. Eine möglichst naturbelassene, abwechslungsreiche Ernährungsweise mit vielen pflanzlichen, frischen, qualitativ hochwertigen und saisonalen Zutaten ermöglicht grundsätzlich eine umfangreiche Versorgung mit wertvollen Mikronährstoffen.

DAS WIE VIEL

»Alles ist Gift, und alles ist Medizin. Es ist eine Frage der Menge«, sagte bereits Paracelsus. Und seine Ansicht beschreibt sehr gut, dass nicht das Nahrungsmittel an sich gesund oder ungesund ist, sondern vielmehr die Menge, in der es verzehrt wird. Grünkohl ist gesund, doch würden wir als Gemüse nur noch Grünkohl essen, dann wäre das sehr einseitig und könnte irgendwann ungesund werden. Auf der anderen Seite haben Torten den Ruf, eher ungesund zu sein. Doch was ist gegen ein Stück Torte zu sagen, das hin und wieder mit Freude und Genuss gegessen wird?

Aber gerade dieses gesunde Maß, das Gefühl von Menge in Bezug auf Essen, scheint heutzutage vielen abhandengekommen zu sein. Die unzähligen Reize der Umwelt lenken uns von unserem Körpergefühl ab, genauso wie ständiges Essen, Snacks zwischendurch, die Rund-um-die-Uhr-Verfügbarkeit von Essen und standardisierte Portionsgrößen. Dabei ist das Empfinden von Hunger und Sättigung einer unserer besten Wegweiser – in Bezug auf die einzelne Portionsgröße, die gesamte Tagesmenge und auf die Essenszeit. Sowohl ein Zuviel als auch ein Zuwenig an Essen auf Dauer kann eine Belastung für den Organismus und unsere Gesundheit darstellen. Achtsamkeit kann uns zurück zu der natürlichen Empfindung für das rechte Maß bringen.

DIE ENERGIEGLEICHUNG

Essen, wenn man Hunger hat, aufhören, wenn man satt ist. Es könnte so einfach sein, oder etwa nicht? Aber: Isst Du nicht doch ab und zu, auch wenn Du keinen Hunger hast? Isst Du manchmal weiter, selbst wenn Du schon längst satt bist? Bestimmt, denn den meisten von uns geht es manchmal oder häufiger so. Auch hier ist es eine Frage der Menge bzw. der Häufigkeit.

Unser täglicher Bedarf an Energie ergibt sich aus einem Grundbedarf, den der Organismus für all seine Funktionen wie Verdauung, Warmhalten, Stoffwechsel, Gerhirnaktivität etc. benötigt sowie der Intensität unserer täglichen Bewegung. Dieser Energiebedarf wird durch die feste und flüssige Nahrung, mit der wir unseren Körper täglich versorgen, bedient. Essen wir hin und wieder mal zu viel, wird das keine direkte Auswirkung auf Gewicht und Gesundheit haben (abgesehen von möglichen Völlegefühlen und Verdauungsbeschwerden). Wenn jedoch auf Dauer mehr gegessen wird, als der Körper braucht, kann dies zu Gewichtszunahme führen und eine Belastung für unsere Gesundheit darstellen. Genauso groß ist die Belastung für unseren Körper, wenn wir auf Dauer zu wenig Nahrung und Nährstoffe zu uns nehmen.

Anstatt nun akribisch Kalorien zählen zu müssen, kann Dich Achtsamkeit in Bezug auf Dein Hunger- und Sättigungsempfinden unterstützen, Deinen Körper mit der individuell richtigen Menge an Energie zu versorgen. Beachte außerdem, dass natürlich die andere Seite der Energiegleichung – die Bewegung – ebenso eine maßgebliche Rolle für die Gesundheit und das eigene Wohlbefinden spielt.

HUNGER UND SÄTTIGUNG

Als Baby und auch noch als Kind haben wir ganz intuitiv nach Essen verlangt, wenn wir Hunger hatten, und mit dem Essen aufgehört, wenn unser Energie- oder Nährstoffbedarf gedeckt war. Irgendwann ist dieses intuitive Handeln jedoch zunehmend verdrängt worden – u. a. durch Vorgaben, den Teller leer zu essen, standardisierte Portionsgrößen oder den Verstand, der mit zunehmendem Alter immer mehr »mitisst«.

Hunger ist nicht immer nur ein leeres Gefühl in der Magengegend. Auch unsere Sinne und andere Faktoren können Hunger und Appetit anregen. So kann der Geruch von frisch gebackenen Brötchen ein Verlangen danach in uns auslösen. Oder das Durchblättern eines Kochbuchs unseren Appetit anregen. Oder Lust auf ein Gericht entstehen, wenn wir es in der Werbung sehen oder jemand anderen, der es isst. Gleichzeitig kann die Uhrzeit uns zum Essen animieren – Mittagszeit gleich Essenszeit. Oder eine bestimmte Tätigkeit den Drang zu essen erzeugen, wie Fernsehen, das nach einer Tüte Chips ruft, oder der Feierabend, der nach einer Pizza verlangt.

Achte einmal im Allgemeinen darauf, was bei Dir ein Hunger- oder Appetitgefühl auslöst. Und achte dann im Speziellen beim achtsamen Essen darauf: Deine natürlichen Gefühle für Hunger und Sättigung sind wunderbare Wegweiser, um Dein ganz individuelles »wie viel« (wieder) zu finden und zu respektieren. Und auch um den Bedarf an einzelnen Nährstoffen zu decken. Beginne also, Dein Hungergefühl wahrzunehmen, bevor Du mit einer Mahlzeit oder einem Snack beginnst – atme hierfür vor, während und nach dem Essen bewusst durch und spüre in Deinen Körper hinein. Ist es tatsächlich Hunger oder eher Appetit? Wo spürst Du den Hunger in Deinem Körper? Achte darauf, wie sich Dein Hungergefühl während der Mahlzeit verändert und wie es zum Beispiel nach der Hälfte der Mahlzeit ist. Zu welchem Zeitpunkt bist Du satt, und wie merkst Du, dass Du angenehm gesättigt bist? Wo spürst Du Sättigung in Deinem Körper? Wie fühlt sich Dein Körper an, wenn Du zu viel gegessen hast? Beantworte Dir die Fragen ehrlich und versuche, dementsprechend zu handeln. Weitere Tipps zu Hunger und Sättigung findest Du auf Seite 50–51.

LEBENSMITTEL- UND NÄHRSTOFF-AUSGEWOGENHEIT

Wie eingangs erwähnt ist eine einseitige Ernährungsweise – selbst wenn sie aus Grünkohl bestünde – unserer Gesundheit nicht unbedingt zuträglich. Vielmehr kann sie zu Nähstoffmangel führen. Ausgewogenheit und Abwechslungsreichtum über die Lebensmittelgruppen hinweg wiederum stellen sicher, dass wir unseren Körper mit den nötigen Nährstoffen versorgen. Auch hier ist ein strenges Achten auf die Zusammenstellung und Mengenverhältnisse einzelner Mahlzeiten nicht notwendig und kann im Extremfall zu zwanghaftem Essverhalten führen. Dagegen kann Aufmerksamkeit für das, »was« Du isst und »wie viel« davon ein Schlüssel für mehr Ausgewogenheit sein.

Das Ernährungstagebuch weiter hinten im Buch (siehe Seite 46–49) kann Dir helfen, ein Bewusstsein für Deine Ernährung zu entwickeln. Frage Dich: Isst Du ausreichend Gemüse? Obst? Vollwertige Kohlenhydrate? Pflanzliche Eiweißquellen? Pflanzliche Fette? Ist die Basis Deiner Nahrung naturbelassen und pflanzenüberschüssig? In welchen Mengen isst Du Fleisch? Milchprodukte? Weißmehl? In welchen Mengen stark verarbeitete Nahrungsmittel wie Fertigessen, Softdrinks, Süßigkeiten, Fast Food?

BALANCE STATT PERFEKTION – GENUSS STATT VÖLLEREI

Die Grundlagen einer gesunden und achtsamen Ernährungsweise schreiben keinen 100-%-Ansatz vor. Auch wenn achtsames Essen sehr wahrscheinlich automatisch zu einer gesünderen Ernährungsweise, also Wertschätzung dem eigenen Körper gegenüber führt, so gibt es dennoch keine Verbote. Denn Verbote und Verzicht (sind sie nicht gesundheitlich notwendig), können zu verstärktem Verlangen, Gelüsten und Heißhunger führen. Der Schlüssel ist hier vielmehr, die eigene Balance zu finden. Das ist nicht immer der einfache Weg, doch es ist der langfristig nachhaltigere Weg.

Achtsames Essen kann beim Verändern von unliebsamen Gewohnheiten helfen. Anstatt zwanghaft Verzicht zu versuchen, erlaube Dir, zur Schokoladentafel, zur Chipstüte, zum Eiscremebecher zu greifen, doch probiere einmal Folgendes: Nimm Dir zunächst eine kleine Portion

und esse sie achtsam und mit allen Sinnen und bewusstem Genuss (hierzu dient auch die Übung auf Seite 54–55). Beobachte, was passiert, wie Dir das Stück Schokolade oder Chip schmeckt, wie Du Dich nach dem Verzehr fühlst und ob Du dieses oder jenes überhaupt in der gewohnten Menge brauchst und möchtest oder ob Dich eine kleinere Portion genauso befriedigen und erfüllen kann. Am Ende ist es nicht unbedingt die Schokolade selbst, sondern vielmehr in welcher Menge und wie sie gegessen wird.

Achte außerdem den Wert von »Wohlfühlspeisen«. Das kann das Lieblingsessen aus der Kindheit sein, der mit Liebe gebackene Käsekuchen der Großmutter, die Pizza, die beim Lieblingsitaliener im Kreise der Liebsten gegessen wird. Dieses Wohlfühlessen, oder Soulfood, nährt auf einer Ebene, die über die Nahrung hinausgeht. Es weckt positive Erinnerungen und schöne Gefühle wie Geborgenheit, Wärme, Liebe und Freude – es schmeckt richtig danach. Diese Art von Essen kann Herz und Seele wärmen. Es gibt keinen Grund, deswegen ein schlechtes Gewissen zu haben oder sich zu verurteilen, denn das schadet dem Wohlbefinden viel mehr, als die Speise selbst es würde. Vielmehr sind diese Wohlfühlspeisen auf ihre ganz eigene Art gesund und damit ebenso Teil einer ausgewogenen und achtsamen Ernährung.

DAS WIE

Wenn Du isst, isst Du? Oder bist Du mit etwas anderem beschäftigt wie fernsehen, Zeitung lesen, Handy checken? Während es noch ein paar Generationen zuvor nur zu festen Zeiten Essen gab und Mahlzeiten einer starken Routine folgten, können wir heute im Prinzip ständig und zu jeder Zeit essen. Dadurch ist Essen zu so einer Selbstverständlichkeit geworden, dass es in vielen Fällen sogar zur Nebensache geworden ist. Die möglichen Folgen: Es wird über den tatsächlichen Energiebedarf hinaus gegessen, Bekömmlichkeiten werden nicht erspürt, das Essen ist weniger befriedigend und Freude und Genuss gehen verloren.

Dabei ist das »wie wir essen« ein mindestens genauso wichtiger Aspekt einer gesunden Ernährungsweise wie das »Was wir essen«. Das »Wie« bildet das Herzstück von Essen mit Achtsamkeit, denn es schafft den Raum für Bewusstsein in allen anderen Bereichen: die Wahrnehmung des Körpergefühls, das Bewusstsein gegenüber den individuellen Verträglich- bzw. Unverträglichkeiten, das Erspüren von Hunger und Sättigung, die Achtung gegenüber der Herkunft und Herstellung von Lebensmitteln.

STRESS UND DIE VERDAUUNG

Stress ist ein allgegenwärtiges Thema. Der moderne Lebensstil inklusive der Schnelllebigkeit, ständigen Erreichbarkeit und Informationsflut kann schnell zu einer körperlichen Stressreaktion und Anspannung führen. Punktuell gesehen ist das nicht weiter schlimm, denn Stress kann uns zu Höchstleistung verhelfen – schließlich war genau das in ursprünglichen Stresssituationen, wie dem Angriff eines wilden Tieres, gefragt. Die negativen Auswirkungen auf den Körper entstehen dann, wenn Stress zum Dauerzustand wird, dem kein Ausgleich entgegengesetzt wird.

Dauerstress hat ganz unterschiedliche Auswirkungen auf den Körper. Eine davon kann sein, dass die Verdauungsleistung abnimmt und sich dadurch Verdauungsbeschwerden, ja sogar -krankheiten entwickeln, von Blähungen, Blähbauch und Bauchkrämpfen über Verstopfungen und Durchfall bis zu Reizdarm. Durch die gestörte Funktionsfähigkeit der Verdauung kann es außerdem dazu kommen, dass nicht ausreichend Nährstoffe in den Körper gelangen. Auf der anderen Seite verbraucht der Organismus unter Stress vermehrt Nährstoffe. Verschlimmernd kommt häufig hinzu, dass unter Stress der Ernährung weniger Aufmerksamkeit geschenkt, zu Fertigessen und Fast Food gegriffen und Essen zur Nebensache oder zum Kompensator wird.

ZEIT ZU ESSEN

Sich Zeit fürs Essen, für eine Mahlzeit (wie der Name ja schon so schön sagt) zu nehmen ist eine wundervolle Möglichkeit, um präsent und achtsam zu sein und damit auch Stress auszugleichen. Das bedeutet, mal nicht nebenbei auf das Handy zu schauen, sondern es bewusst wegzulegen, es bedeutet, mal nicht vorm Computer oder während des Arbeitens zu essen, sondern bewusst eine Pause zu machen, nicht im Stehen

oder vorm Fernseher zu essen, sondern sich hinzusetzen und den Lebensmitteln vor einem und sich selbst Aufmerksamkeit zu schenken. Sich zu erlauben, sich nur auf eine Sache fokussieren zu dürfen, anstatt drei oder mehr Dinge gleichzeitig tun zu müssen. So wird eine Mahlzeit zur Auszeit, die ausgleichend, entspannend und wohltuend wirken kann und die uns in Achtsamkeit übt. Danach kann der Alltag mit mehr Energie, Ausgeglichenheit und Klarheit fortgesetzt werden.

ZEIT FÜR WAHRNEHMUNG

Zeit zum Essen ermöglicht Zeit für Wahrnehmung. Langsam essen, gründlich kauen, den Körper und das Essen mit allen Sinnen spüren – es gibt kaum etwas so Sinnliches wie essen. Spüre dem beim achtsamen Essen nach: Wie sieht Dein Essen aus? Wie riecht es? Wie schmeckt es? Was schmeckst Du heraus? Wie fühlt es sich im Mund an? Wie verändern sich der Geschmack und die Textur durch das

Kauen? Wie verändert sich der Geschmack über die Zeit? Bewusst mit allen Sinnen zu essen und zu genießen kann eine ganz andere Erfahrung ergeben. In der Regel ist diese viel erfüllender und nachhaltig befriedigender.

Achtsames Essen beinhaltet außerdem die Wahrnehmung der Umgebung, der Gedanken und des eigenen Befindens. So wird die jeweilige Esserfahrung mit dadurch beeinflusst, wo Du isst, mit wem, durch die Themen, die besprochen werden, und Deine Gedanken. Ein Streitgespräch kann buchstäblich auf den Magen schlagen, schlechte Neuigkeiten müssen »verdaut« werden. Was sagen Deine Gedanken über das Essen, wie bewertest Du eine Mahlzeit? Oder: Machst Du Dir Gedanken oder Sorgen während einer Mahlzeit? Bringe Deine Aufmerksamkeit immer wieder zurück zu Deinem Essen und Dir selbst. Und praktiziere Dankbarkeit. Dankbarkeit für die Mahlzeit, für die Lebensmittel, die die Natur Dir geschenkt hat, und die Menschen, die an der Herstellung beteiligt waren. Im Bereich »Das Warum« (siehe Seite 32) werde ich noch näher darauf eingehen.

DAS WANN

Vielleicht hast Du Dich schon einmal gefragt, wann Du essen solltest? Ob das Frühstück nun die wichtigste Zeit am Tag ist? Oder ob Du Intervallfasten ausprobieren solltest? Wie in allen anderen Bereichen einer achtsamen Ernährung gibt es auch beim »Wann« nicht die eine richtige Antwort. Stattdessen sind Dein persönliches Hungergefühl und Deine innere Uhr die besten Wegweiser für Deinen individuellen Essrhythmus.

ESSEN UND DIE INNERE UHR

Tatsächlich sind wir Menschen Gewohnheitstiere, und unser Körper und unsere Verdauung sind es ebenso. Wenn Du daran gewöhnt bist, dass um Punkt 12 Uhr das Mittagessen auf dem Tisch steht, wird sich sehr wahrscheinlich gegen kurz vor zwölf ein Hungergefühl melden. Gleichzeitig sorgt unsere innere Uhr dafür, dass wir auf ganz natürliche Weise tagsüber circa alle vier bis fünf Stunden Hunger verspüren.

Ein unregelmäßiger Essrhythmus wiederum kann unsere natürlichen Hunger- und Sättigungsgefühle aus der Balance bringen. Vielleicht hast Du schon einmal bemerkt, dass Du nach zu langen Esspausen enormen Heißhunger hattest, der dazu geführt hat, dass Du über Deinen Sättigungspunkt hinaus gegessen hast. Oder dass an Tagen, an denen Du viel snackst, überhaupt kein richtiges Hungergefühl aufkommt. Gerade solch ständiges Essen kann dazu führen, dass wir unser natürliches Empfinden für Hunger nicht mehr richtig spüren.

WANN WIE VIEL ESSEN?

Gemäß der *Traditionellen Chinesischen Medizin* (TCM) gibt es eine sogenannte Organuhr. Demnach haben bestimmte Organe zu bestimmten Zeiten mehr Energie und zu anderen Zeiten weniger Energie. Die Leistung der Verdauungsorgane ist am Morgen besonders stark und nimmt in Richtung Abend ab.

Gleichzeitig ist es so, dass wir auf den Tag verteilt gesehen, vor allem am Morgen und Mittag, einen erhöhten Bedarf an Energie haben, um uns buchstäblich durch den Tag zu bewegen. Daher kann es durchaus sinnvoll sein, das Frühstück und Mittagessen größer und reichhaltiger zu gestalten. Am Abend wiederum, wenn wir normalerweise nicht mehr allzu viel leisten müssen, ist der Bedarf an Energie in der Regel niedriger. Eine kleinere und leichtere Mahlzeit am Abend ist daher meist ausreichend. Der Vorteil davon ist außerdem, dass leichtes Essen am Abend den Schlaf weniger belastet als ein üppiges Festmahl.

Doch auch hier gilt, Deinen Körper und Deine Bedürfnisse individuell zu achten und für Dich herauszufinden, was Dir guttut. Wenn Du morgens keinen Hunger hast, dann zwinge Dich nicht dazu zu frühstücken. Wahrscheinlich brauchst Du es schlichtweg nicht. Wenn Du am Abend Hunger hast, dann esse so viel, bis Du angenehm gesättigt bist, und versuche nicht, das Abendessen ausfallen zu lassen, nur weil Du gehört hast, dass es beim Abnehmen hilft.

An dieser Stelle möchte ich außerdem auf die südländischen Länder verweisen, in denen regelmäßig spätabends ausgiebig geschlemmt,

genossen und gesellig zusammengesessen wird. Es spielen eben auch andere Faktoren als das »Wann« und »Wie viel« eine Rolle bei einer gesunden Ernährungs- und Lebensweise.

ESSENSPAUSEN UND INTERVALLFASTEN

Ständiges Essen kann nicht nur unsere innere Uhr aus dem Rhythmus bringen, sondern auch eine Belastung für die Verdauung darstellen. Stelle Dir einmal vor, dass Deine Verdauung gerade noch mitten in der Verarbeitung einer großen Mahlzeit ist, und da kommt schon wieder das nächste Essen rein. Unser Körper ist zwar ein Wunderwerk der Natur, der allerhand bewältigen kann. Dennoch ist es gut möglich, dass da mal was liegen bleibt – und zwar im Darm. Das kann zu Blähungen und anderen Verdauungsbeschwerden führen. Dem Körper durch ausreichende Pausen zwischen den Mahlzeiten Zeit zu geben kommt ihm also durchaus zugute.

Natürlicherweise ist eine solche Pause der Schlaf. Durch die nächtliche Ruhe fasten wir ganz automatisch. Nicht ohne Grund ist das englische Wort für Frühstück »Breakfast« – »Break the fast«, »das Fasten brechen«. Überlege Dir einmal, wann Du das letzte Mal am Tag isst und wann zum ersten Mal. Wenn Dein Abendessen um 19 Uhr war und Dein Frühstück um 8 Uhr ist, hast Du 13 Stunden »gefastet«. Eine Verlängerung dieser natürlichen Fastenzeit ist das Intervallfasten.

Hierbei gibt es verschiedene Ansätze, wie u. a. 16:8 oder 5:2. Bei dem Ansatz 16:8 wird beispielsweise 16 Stunden am Tag gefastet und acht Stunden gegessen. Meist wird auf das Frühstück verzichtet, sodass das Mittagessen die erste Mahlzeit ist. Bei 5:2 wird fünf Tage die Woche »normal« gegessen, an zwei Tagen dagegen stark kalorienreduziert. Da Intervallfasten eine Form des Fastens ist, werden ihm zahlreiche vergleichbare positive Wirkweisen nachgesagt, u. a. auf Stoffwechsel, Regenerationsmechansimen, Blutdruck und Gewicht. Tatsächlich ist die Wirkung von Intervallfasten beim Menschen jedoch noch wenig untersucht.

Wenn Du überlegst, Intervallfasten für Dich auszuprobieren, dann probiere es aus. Vielleicht möchtest Du schrittweise beginnen und mit kürzeren Zeitfenstern wie zwölf oder 14 Stunden. Sei dabei achtsam Dir gegenüber, achte auf Dein Körpergefühl. Wie geht es Dir damit, wie fühlst Du Dich, wie passt es in Deinen Alltag, ist es das Richtige für Dich, was sagt Dein Körper dazu? Beachte dabei, dass Intervallfasten in der Schwangerschaft und Stillzeit sowie bei Untergewicht und Essstörungen nicht geeignet ist. Und dass bei Vorerkrankungen eine vorherige Absprache mit einer Ärztin oder einem Arzt sinnvoll sein kann.

DAS WARUM

Warum essen wir? Eigentlich ist die Antwort relativ klar: Wir essen (und trinken), um unseren Körper mit wertvoller Energie und wichtigen Nährstoffen zu versorgen und ihn so in seinen Funktionen zu unterstützen und im Idealfall gesund zu halten. Oder?

Oder isst Du auch aus anderen Gründen? Zum Beispiel aus Gewohnheit, weil andere gerade essen, weil Essen herumsteht, weil Dir gerade langweilig ist, weil Du eigentlich müde bist oder weil Du gestresst bist? Tatsächlich ist die Nahrungsaufnahme heutzutage nicht mehr nur reine Energie- und Nährstoffversorgung.

STÄNDIGE VERFÜGBARKEIT VON ESSEN FÜHRT ZU STÄNDIGEM ESSEN

Während vor ein paar Generation zu festen Zeiten Essen auf den Tisch kam und primär der ursprünglichen Energie- und Nährstoffversorgung diente, haben wir heute die Möglichkeit zu essen, wann immer wir wollen. 24 Stunden am Tag können wir zum Kühlschrank oder Eisschrank, können teilweise sogar bis spät in die Nacht noch einkaufen und Essen bestellen. Mahlzeiten müssen nicht mehr lang zubereitet werden, sondern sind oftmals direkt verzehrfertig.

Natürlich bedient diese Verfügbarkeit und »Convenience« unseren modernen und immer »entstrukturierteren« Alltag. Feste Mahlzeiten bestimmen nicht mehr den Tagesablauf, vielmehr essen wir, wann immer wir wollen. Hinzu kommt, dass wir dazu regelrecht animiert werden: Werbung für Lebensmittel, die zufrie-

dene Menschen zeigt, soziale Medien mit wunderschön angerichteten Tellern, Auslagen mit verführerischen Leckereien und Verfügbarkeit von Essen an jeder Ecke. Am laufenden Band scheint an unsere Sinne und den Appetit appelliert zu werden. Kein Wunder, dass die Menschen heute ständig am Essen sind. Da bedarf es einiger Achtsamkeit, um bei sich zu bleiben und sich zu fragen: Brauche ich das gerade wirklich?

WARUM ESSEN WIR, WENN WIR NICHT HUNGRIG SIND?

Die ständige Verfügbarkeit von Essen ist das eine, denn sie ermöglicht es überhaupt erst, zu jeglichem Zeitpunkt zu essen. Auf der anderen Seite lernen wir häufig bereits in der Kindheit, dass nicht nur aufgrund von tatsächlichem »körperlichem« Hunger gegessen wird.

Während wir als Baby noch unseren ganz natürlichen und intuitiven Hunger- und Sättigungsgefühlen folgten und diese dementsprechend kommunizierten, lernen wir später, dass Essen zum Beispiel auch eine Form der Belohnung sein kann. Vielleicht wurdest Du als Kind mit einem Eis, einem Schokoriegel oder einem Softdrink belohnt, wenn Du etwas besonders gut gemacht hast. Tatsächlich kann Essen eine wundervolle Form der Belohnung sein! Denke einmal an ein leckeres und entspanntes Abendessen nach einem langen Tag oder ein ausgiebiges Tafeln mit Freunden, wenn es etwas zu feiern gibt. Zum Problem kann Essen als Belohnung dann werden, wenn es aus emotionalen

Gründen getan und zu einer Art »Krücke« wird wie: Ich bin gestresst und muss jetzt Schokolade essen – ohne kann ich nicht weitermachen.

WARUM ESSEN WIR, WIE WIR ESSEN?

Auch ansonsten fängt die Prägung unseres Essverhaltens bereits in der Kindheit an. Zum Beispiel kann der altbekannte Spruch »Wenn Du Deinen Teller nicht leer isst, wird morgen das Wetter schlecht« unser Essverhalten weit über die Kindheit hinaus bestimmen: So essen Erwachsene teilweise heute noch ihren Teller leer, obwohl sie bereits vorher ausreichend gesättigt waren. Auch was in der Kindheit auf den Teller kam – also die Auswahl an Lebensmitteln –, kann bis in das Erwachsenenalter nachwirken, ebenso wie die Zubereitungsform und welchen Stellenwert Mahlzeiten hatten.

Gleichzeitig kann unser aktuelles Wissen rund um Ernährung unser Essverhalten und unsere Lebensmittelauswahl stark beeinflussen. Diäten, Ernährungsratgeber, soziale Medien zeigen uns, was gesund sein soll und was nicht oder was gegessen werden sollte und was nicht.

EMOTIONALES ESSEN UND EMOTIONALER HUNGER

Essen dient außerdem heutzutage oft als Lückenfüller, zur Entspannung und Beruhigung, als Trost oder Ablenkung, zum Beispiel bei Langeweile, Stress, Traurigkeit oder anderen emotionalen Gründen. Kurz: Essen dient als Kompensator.

Meist fällt die Lebensmittelwahl auf Basis dieser Gründe nicht gerade auf Gemüse, Obst und Nüsse. Vielmehr sind vor allem Süßigkeiten, Eiscreme, Chips, Cracker und Ähnliches beliebte Kompensatoren. Sie sprechen unsere Belohnungszentren im Gehirn an, nur hält der angenehme Effekt meist nicht lange an. So geht das Essen aufgrund von Stress und emotionalen Gründen häufig weit über unser natürliches Hunger- und Sättigungsgefühl hinaus.

Dabei sollte emotionales Essen nicht als schlecht oder überhaupt bewertet werden. Im Gegenteil, vielmehr kann es einen Hinweis darauf geben, wie das aktuelle Befinden ist. Das wiederum gibt uns die Chance, uns zu fragen: Was brauche ich gerade wirklich? Denn emotionaler Hunger lässt sich auf vielen anderen Ebenen als der des Essens stillen: Tätigkeiten, die Herz und Seele guttun, wie menschliche Nähe, ein Gespräch mit einem lieben Menschen, ein Spaziergang in der Natur, kreativ sein, eine Sportart betreiben, die einem Spaß macht, sich bei schöner Musik, bei einem Bad entspannen oder womit auch immer man sich individuell wohlfühlt und was einem Kraft schenkt.

URSACHEN VON HEISSHUNGER UND GELÜSTEN

Heißhunger und Gelüste sind für viele Menschen ein großes Thema. Anstatt vehement zu versuchen, sich Essen zu verbieten – meist wirkt genau das kontraproduktiv –, kann es helfen, mit Achtsamkeit die persönliche Ursache zu erforschen. Frage Dich: Warum hast Du jetzt

Hunger? Warum ist Appetit oder Verlangen nach Essen da?

Emotionaler Hunger kann ein Grund für Heißhunger und Gelüste sein. Es gibt aber noch andere Gründe, etwa Schlaf- und Energiemangel. Denn Hunger ist grundsätzlich ein Zeichen dafür, dass der Körper Energie verlangt, die ihm gerade fehlt. Sowohl zu wenig oder schlechter Schlaf, Stress, der an unseren Energiereserven zehrt, oder ein generelles Zuwenig an Essen können Ursachen für einen Energiemangel und damit auch für Heißhunger sein. Körperliche und mentale Anstrengung können ebenso ein Mehr an Energie verlangen – wird das nicht bedient, kann sich das in Heißhunger äußern.

Neben dem Energiemangel kann ein Nährstoffmangel zu Heißhunger führen. Zum Beispiel, wenn die Ernährung sehr einseitig ist, auf nährstoffarmen und stark verarbeiteten Produkten basiert oder bestimmte Lebensmittelgruppen ausgelassen werden.

Zu guter Letzt können auch körperliche Faktoren eine Rolle spielen, wie die Darmgesundheit und Darmflora.

ESSEN NÄHRT KÖRPER, GEIST UND HERZ

Wie bereits beschrieben, kann Essen eine wundervolle Form der Belohnung sein. Darüber hinaus ist und bleibt es Nahrung, also etwas, das uns nährt und zwar ganzheitlich – auf Ebene des Körpers, des Geistes und des Herzens.

Es gibt nicht viele Dinge, die gleichzeitig alle unsere Sinne so ansprechen, wie Essen es tut. Wenn wir mit Achtsamkeit und Genuss essen, uns Zeit nehmen und eine Mahlzeit mit allen unseren Sinnen bewusst wahrnehmen, kann sie uns auf einer ganz anderen Weise nähren und befriedigen, als wenn sie schnell und unachtsam vorm Computer oder Fernseher eingenommen wird.

Ein weiterer Faktor ist, dass uns die sozialen und kommunikativen Aspekte von Essen nähren. Beim Kochen und Essen im Kreise der Familie oder Freunden sein, Mahlzeiten teilen, sich dabei austauschen, sich unterhalten, sich gegenseitig Aufmerksamkeit schenken – das nährt ebenso, sowohl Geist als auch Herz.

DAS WOHER

Woher kommt unser Essen? Und was steckt drin? Fragen, die sich heutzutage nicht mehr ganz so einfach beantworten lassen. Zum einen haben wir aufgrund der Globalisierung mittlerweile allerhand Lebensmittel aus allen Ecken unserer Welt. Zum anderen ist das Wissen oder Bewusstsein die einzelnen Zutaten eines Produktes oder Lebensmittels betreffend in Zeiten von Convenience Food und Fertigessen und immer weniger Menschen, die kochen, stark gesunken. Wann hast Du beispielsweise das letzte Mal auf eine Zutatenliste geschaut? Wann hast Du das letzte Mal darauf geachtet, woher die Tomate kommt, die Du in Deinen Einkaufswagen legst?

Achtsames Essen beinhaltet nicht nur das Achten der eigenen individuellen Bedürfnisse, sondern geht darüber hinaus und bezieht auch die Bedürfnisse unserer Umwelt und der Lebewesen, die in ihr leben, mit ein. Es beginnt daher bereits beim Einkauf.

ENTFREMDUNG VON UNSEREM ESSEN

Verpackungen, Vorportioniertes im Supermarkt, Fertig- und Takeaway-Gerichte entfremden uns mehr und mehr vom ursprünglichen Lebensmittel. Mittlerweile wird sogar Gemüse und Obst immer häufiger vorverpackt. Einerseits entsteht dadurch mehr Verpackungsmüll inklusive Plastik. Andererseits haben wir so kaum noch die Möglichkeit, die Reife durch Ertasten oder Riechen bestimmen zu können.

Achtsamkeit beim Essen beginnt daher bereits beim Einkauf. Das bedeutet nicht nur, Lebensmittel gemäß der eigenen Bedürfnisse einzukaufen. Es bedeutet auch, Bewusstsein für das zu entwickeln, was im Einkaufskorb landet: Was ist drin? Woher kommt es? Wie wurde es hergestellt?

WOHER KOMMT DAS ESSEN?

Äpfel aus Neuseeland und Erdbeeren aus Marokko. Wenn ein Lebensmittel hierzulande gerade nicht Saison hat, dann wird es eben aus einer Region geholt, wo gerade Saison ist. Das hat bereits dazu geführt, dass vielen das Gefühl für Saisonalität verloren gegangen ist. Außerdem wirkt sich der weltweite Transport von Essen auf unsere Umwelt aus – und zwar nicht zu knapp.

Aber müssen es überhaupt Erdbeeren im Winter sein? Hat der Winter hierzulande nicht genug eigene Schätze zu bieten? Tatsächlich hilft eine Ernährungsweise, die sich an der regionalen Verfügbarkeit von Lebensmitteln orientiert, dabei, Abwechslung und Ausgewogenheit in den Speiseplan einzubauen. Denn saisonal zu essen bedeutet automatisch Vielfalt. Das muss nicht gleich heißen, dass keinerlei exotische Zutaten auf dem Teller landen dürfen. Auch hier ist es am Ende eine Frage der bewussten Menge und der Balance.

WIE WIRD DAS ESSEN HERGESTELLT?

Neben der Herkunft ist die Herstellung von Lebensmitteln ein Aspekt achtsamen Essens – gerade was tierische Lebensmittel betrifft. Der

Massenkonsum und die Massenproduktion von Fleisch- und Fischprodukten – welche immer billiger werden – haben zu extremen Bedingungen geführt, unter denen Tiere aufgezogen werden und »leben«. Hinzu kommt die damit verbundene Belastung der Umwelt und die Überfischung der Meere.

Achtsam zu essen bedeutet, hierfür ein Bewusstsein zu entwickeln. Im Idealfall führt es dazu, zu erkennen, dass wir Menschen Fleisch, Fisch, Eier und Milchprodukte nicht in so großen Mengen benötigen, wie sie aktuell konsumiert werden. Und dazu, dass tierische Produkte wenn, dann aus möglichst ökologischer, fairer und natürlicher Haltung gekauft werden. Ob und wie viele tierische Produkte man essen möchte, ist letztlich eine Frage, die jeder für sich selbst beantworten sollte.

Das gilt nicht nur für tierische Produkte. Auch dem Anbau von pflanzlichen Lebensmitteln – Gemüse, Obst, Getreide etc. – sollte Aufmerksamkeit entgegengebracht werden, denn der wirkt sich ebenso auf die Umwelt aus. Die konventionelle Landwirtschaft, die chemische Pflanzenschutzmittel, künstliche Dünger und Monokulturen erlaubt, hat einen negativen Einfluss auf die Biodiversität unserer Natur. Und diese schwindende Biodiversität beeinflusst am Ende auch uns Menschen. Allein unter Umweltgesichtspunkten betrachtet, spricht dies für den Kauf von pflanzlichen Lebensmitteln aus Bioanbau.

Zu guter Letzt sind außerdem die Verarbeitung und die Produktion von einzelnen Lebensmitteln ein Aspekt, der für eine insgesamt gesunde Ernährungsweise und die Bekömmlichkeit von Lebensmitteln eine Rolle spielt. Ein Beispiel sind industriell hergestellte Backwaren. Hier hat sich die Zeit, für die der Teig »gehen« darf, auf bis zu eine halbe Stunde verkürzt, während dies in der traditionellen Herstellung bis zu mehreren Tagen dauern kann. Diese lange Teigführung hat durchaus ihren Grund, denn sie macht das Brot leichter verdaulich und bekömmlich und sorgt für den Abbau bestimmter Pflanzenstoffe. Informiere Dich daher ruhig über die Herstellung von Backwaren und wähle Qualität statt Quantität – so kannst Du im Übrigen auch mit allen anderen Lebensmitteln verfahren, die Du kaufst und zu Dir nimmst.

SELBST KOCHEN

Im Endeffekt haben wir nur dann, wenn wir selbst kochen, die volle Kontrolle über unser Essen, darüber, was drinsteckt und welche Qualität es hat – anders als im Restaurant oder beim Takeaway. Gleichzeitig können wir durch das Kochen zu Hause sicherstellen, dass ein Gericht wirklich unseren eigenen individuellen Bedürfnissen entspricht.

Natürlich kochen wir in vielen Fällen nicht nur für uns allein, und vielleicht fragst Du Dich, wie die individuellen Bedürfnisse anderer mit Deinen eigenen einhergehen. Beim achtsamen Essen wird beides berücksichtigt, denn es bedeutet nicht, dass Du die Bedürfnisse anderer ignorierst – im Gegenteil. Viel wichtiger ist es, mit dem Bewusstsein und der Aufmerksamkeit gegenüber anderen – Familie,

Partner, Mitbewohner etc. – eine gemeinsame Lösung zu finden. Manchmal bedeutet Achtsamkeit, Kompromisse einzugehen.

DANKBARKEIT FÜR DAS, WAS UNS DIE NATUR SCHENKT

Dankbarkeit ist ein sehr wichtiger Teil von Achtsamkeit. Sie ist in sich eine Form der Wahrnehmung und gleichzeitig eine Form der Wertschätzung gegenüber demjenigen oder der Sache, der sie entgegengebracht wird. Betrachte Essen einmal als Geschenk, das Dir die Natur macht. Denn genau das ist es.

Überlege Dir, was alles an Energie und Zeit in einen reifen verzehrfertigen Apfel geflossen ist. Der Baum, der zunächst über Jahre hinweg gewachsen ist, genährt von Sonnenlicht, Regen und der Erde. Der dann jedes Jahr aufs Neue süß-säuerliche Früchte hervorbringt, die wiederum uns nähren – sowohl in Form von Energie als auch gesunden Inhaltsstoffen. Denke dann weiter an die Menschen, die den Baum pflegen, damit er jedes Jahr Früchte trägt, die Menschen, die die Früchte ernten, und die Menschen, die sie Dir dorthin bringen, wo Du sie kaufen kannst. Und wenn der Apfel in Form des Apfelkuchens Deiner Mutter den Weg zu Dir findet, dann denke außerdem daran, wie sie sich Zeit genommen hat, um mit Liebe diesen Kuchen zu backen.

Wenn Du über Essen in dieser Form nachdenkst, entsteht wie von allein eine Form der Wertschätzung und der Dankbarkeit. Auch das wirkt darauf, inwieweit ein Lebensmittel nährend, befriedigend und (er-)füllend für Dich sein kann.

ACHTSAM ESSEN ALS HILFE, NICHT ALS HÜRDE

Achtsamkeit und achtsames Essen sind keine weiteren Tätigkeiten, die als zusätzlicher Punkt auf Deine bestimmt jetzt schon volle Aufgabenliste müssen. Im Gegenteil, denn um achtsam zu sein, brauchst Du nichts anderes »tun«, als in diesem Moment achtsam zu sein. Sprich: dem jetzigen Moment bewusst Deine volle Aufmerksamkeit schenken – ohne jegliche Wertung dessen, was ist. Du kannst im Prinzip genauso essen, wie Du es jetzt tust, und brauchst Deine Ernährung nicht zu verändern. Beginne »nur«, mit Achtsamkeit zu essen, beobachte und sei neugierig, was passiert und was sich dadurch möglicherweise wie von allein verändert. Diese Veränderung wird nicht von heute auf morgen geschehen, vielmehr ist sie ein Prozess, das Erlernen einer Art und Weise zu essen, Dich zu ernähren, zu leben. Und dabei gibt es eine weitere Ebene: Deine innere Einstellung und den Umgang mit Dir selbst.

Beobachte dich: Machst Du Dir Druck, achtsam essen zu »müssen«? Dass achtsames Essen nun endlich der Schlüssel zur Traumfigur sein muss, dass Du Dich nur möglichst genau an die Tipps und Übungen halten musst, damit es gelingt? Das ist die eine Herangehensweise. Oder bist Du neugierig, gehst mit Gelassenheit an die Sache, schaust einfach, was passiert, und setzt das um, was sich für Dich gut und richtig anfühlt? Diese Erfahrung ist eine komplett andere. Aber selbst wenn Du zu Ersterer tendierst, dann be- oder verurteile Dich deswegen nicht – nimm es vielmehr einfach nur wahr und erkenne es als einen Hinweis auf Deine innere Einstellung und Haltung.

Die folgenden Prinzipien zur inneren Haltung (in Anlehnung an Jon Kabat-Zinn) können Dir den Umgang mit Dir selbst und Deiner Ernährung erleichtern, sie helfen Dir, mit mehr Mitgefühl und Geduld Dir gegenüber zu handeln und dadurch insgesamt einen entspannten Umgang mit Dir selbst und eine gesunde Beziehung zum Essen zu entwickeln.

DIE GRUNDPFEILER FÜR EIN ACHTSAMES MINDSET

Ohne Wertung: Dieser Aspekt ist bereits in der Definition von Achtsamkeit verankert. Wir sind ständig am Bewerten und Beurteilen der Dinge, die wir erleben und wahrnehmen. Vor allem beim Essen verfallen wir schnell in eine Wertung von »gut«, »schlecht«, »gesund«, »ungesund«, »Dickmacher«, »Schlankmacher« usw. Diese Wertungen basieren oftmals auf unserer Konditionierung, angeeignetem Wissen, Erfahrungen und Erlebtem. Sie können dazu führen, dass wir uns ständig mit Essen beschäftigen – gerade bei Diäten ist dies häufig der Fall. Das wiederum kann unsere Sicht auf die Dinge vernebeln, den jetzigen Moment unbewusst an uns vorbeiziehen lassen und die Freude, die Essen in diesem Moment bieten kann, untergraben. Der erste Schritt ist hier, Deine Bewertung von Essen wahrzunehmen und sie zu überprüfen – ist sie wirklich wahr? Das heißt aber nicht, dass Du ab sofort nichts mehr bewertest – denn das wird ziemlich sicher nicht funktionieren. Sei Dir der Wertung schlichtweg bewusst – und bewerte Dich auch nicht dafür, dass Du diese Gedanken hast. Dabei hilft Dir die Perspektive des sogenannten »Beginner's Mind« oder »Anfänger-geists« – das Betrachten von etwas, als würdest Du es zum allerersten Mal sehen. Um Deine Wertung rund ums Essen zu durchbrechen, kann Dir genau diese Sichtweise helfen. Dadurch können neue Erfahrungen ermöglicht und andere Sichtweisen aufgezeigt werden. Die Übung auf Seite 54–55 zeigt Dir, wie Essen mit dem »Beginner's Mind« in der Praxis aussieht.

Geduld und Mitgefühl: Geduld ist ein wesentlicher Aspekt von Achtsamkeit und achtsamem Essen. Sie unterstützt den Umgang mit Dir selbst und Dein Mitgefühl für Dich. Gerade was die Ernährung betrifft, so erwarten wir häufig, dass Resultate sofort körperlich sichtbar oder spürbar sein müssen. Vielleicht erwartest Du auch von achtsamem Essen, dass es schnell »wirken« soll oder Du es sofort »können« musst. Hier kann es helfen, an ein Kind zu denken. Würdest Du ungeduldig mit ihm sein, wenn es nicht sofort laufen kann? Würdest Du ungeduldig werden, wenn es immer wieder hinfällt? Die Dinge brauchen ihre Zeit. Sei gelassen, geduldig und einfühlsam mit Dir.

Selbstvertrauen: Da eine gesunde Ernährungsweise individuell ist, bist am Ende Du selbst Dein bester Ernährungsratgeber. Das bedeutet auch, bereits erlerntes Wissen rund ums Essen und die Meinung von anderen infrage zu stellen. Gleichzeitig bedeutet es nicht, Dich gegen die Meinungen anderer zu verschließen oder ab sofort alles abzublocken. Es geht vielmehr darum, nicht alles ungefiltert als »richtig« oder »wahr« anzunehmen, sondern zu beobachten,

was sich für Dich gut oder weniger gut anfühlt. Das dadurch entstehende Vertrauen in Dein Gefühl und Deine Intuition zu stärken ist wesentlich, um Deine persönlichen Bekömmlichkeiten herauszufinden und Schritt für Schritt die Ernährung zu entdecken, die für Dich individuell passt und Dir guttut. Der Respekt, den Du Dir und Deinem Körper dadurch entgegenbringst, ist eine Form der Wertschätzung für Dich selbst. Neben dem Selbstvertrauen ist das Vertrauen in den Prozess und die Entwicklung wesentlich. Beim achtsamen Essen wird keine Veränderung von heute auf morgen erzeugt, vielmehr darf durch viele kleine Schritte eine langfristige Veränderung entstehen.

Akzeptanz und Annahme: Wie oft hast Du Gedanken wie »Wenn ich mich endlich besser ernähren würde ...«, »Wenn ich nur disziplinierter wäre ...«, »Wenn ich die Kilos weniger hätte ...«, »Wenn ich mehr Po hätte ...«, »... dann wird endlich alles gut«? Umso frustrierender kann es sein, wenn die Diät oder Ernährungsumstellung nicht gelingt oder Du nicht »durchhältst«. Und was ist, wenn Du das gewünschte Ziel gar nicht erreichst? Oder es erreicht ist und nicht die erwartete Befriedigung bringt? Wenn Du ständig in »Wenn ... dann ...« denkst, kann es sein, dass Du ständig in diesem »Wenn ... dann ...« bleibst. Dann liegen die Erfüllung und die Zufriedenheit in der Zukunft. Dabei ist dieser jetzige Moment derjenige, in dem Du zufrieden und erfüllt sein kannst. Durch Akzeptanz und Annahme dessen, was gerade ist, kannst Du Dein Wohlbefinden im Jetzt erhöhen. Es ist eben, wie es jetzt ist, und es hilft nicht weiter, das abzulehnen. Wenn Du wiederum akzeptierst und annimmst, wie die Dinge gerade sind, bleiben Dir mehr Kraft und Energie, von hier aus Veränderungen vorzunehmen, da Du Dich nicht die ganze Zeit damit beschäftigst, was nicht gut ist und was anders sein sollte.

Dankbarkeit: Dankbarkeit ist ein wundervolles Werkzeug, Dich in Annahme und Akzeptanz zu üben. Dadurch bringst Du Deine Aufmerksamkeit von dem, was Du nicht, noch nicht oder nicht mehr hast, zu allem, was bereits da ist und Dein Leben bereichert. Es lässt Dich auch eine weitere und ganzheitlichere Perspektive einnehmen, die Deine Umwelt und die Menschen um Dich miteinbezieht. Was die Ernährung betrifft, so ist es nicht selbstverständlich, so viele Lebensmittel und so eine Auswahl zu haben wie wir heute. Anstatt Essen als gut oder schlecht zu bewerten, nimm einmal eine Haltung der Dankbarkeit gegenüber Essen ein, dem, was durch Natur, Tiere und menschliche Unterstützung für Dich verfügbar ist. Gleichzeitig kannst Du gegenüber Dir selbst und Deinem Körper eine Haltung der Dankbarkeit einnehmen. Überlege, was Dein Körper alles für Dich leistet – Nahrung verdauen, Nährstoffe dahin bringen, wo sie benötigt werden, Dich wunderschöne Dinge sehen lassen, berühren, schmecken und riechen können, die Umwelt wahrnehmen und so vieles mehr.

Humor und Gelassenheit: Für mich persönlich ist es wichtig, bei allem, was man tut, humorvoll zu bleiben. So auch beim Erlernen von Achtsamkeit und achtsamem Essen. Bestimmt wirst

Du viele Gedankenmuster oder Gewohnheiten entdecken, die Dir bisher nicht bewusst waren – anstatt Dich dafür zu verurteilen, denke Dir »Ah, das ist ja interessant« oder »Ah, so ticke ich also«. Gehe mit Freude, Gelassenheit und Humor an die Sache, anstatt mit übertrieben viel Ernsthaftigkeit und Druck. Sei neugierig, offen und sehe die Dinge mit einem Augenzwinkern, selbst wenn Du Dich auch einmal dafür entscheidest, achtlos zu essen.

MÖGLICHE GRENZEN VON ACHTSAMEM ESSEN

Nicht immer ist klar erkennbar, welche Lebensmittel gut bekömmlich oder weniger verträglich sind. Gleichzeitig kann sich das mit der Zeit verändern, sodass dafür ein Bewusstsein entwickelt werden muss. Funktionsstörungen oder Dysbalancen im Körper können ebenso zu Unverträglichkeiten führen, die manchmal gar nicht an dem Nahrungsmittel selbst liegen müssen. Und natürlich bedürfen gewisse Krankheiten eines festen Ernährungsplans. Weiterhin kann die ernährungsseitige Vorgeschichte eine Rolle spielen – viele Diäten, Essstörungen und Ähnliches können die Sicht und das Gefühl für den eigenen Körper vernebeln. Sollten mit Essen im Allgemeinen zu viele Emotionen verbunden sein, kann eine professionelle psychologische Beratung oder Vergleichbares sinnvoll sein. Gleichwohl kann Achtsamkeit dabei unterstützen, mit allem, was ist (inklusive körperlicher Beschwerden), umzugehen oder umgehen zu lernen.

Achtsam essen in der Praxis

DEIN ACHTSAMER WORTSCHATZ

Tausche »Das darf ich nicht.«

gegen »All das darf ich.«,

»Das kann ich nicht.«

gegen »All das kann ich.«

und »Das ist schlecht.«

gegen »All das ist gut.«.

ERNÄHRUNGSTAGEBUCH

DOKUMENTIEREN UND BEWUSST WERDEN

Der erste Schritt für Veränderung ist Bewusstsein. Um Dein Bewusstsein für Deine Ernährungs- weise, Deinen Körper und Deine Intuition, Ge- wohnheiten und Muster sowie Empfindungen rund um das Essen zu vertiefen, kann Dir als Einstieg ein Ernährungstagebuch helfen. Hierfür brauchst Du nichts an Deiner Ernährungsweise oder Deinem Essverhalten verändern. Beobachte Deine Ernährungsweise lediglich mit Achtsam- keit – ohne zu bewerten –, und mache Dir für mindestens drei Tage Notizen. Der Eintrageteil auf den nächsten Seiten dient Dir genau hierfür. Du kannst ihn ganz einfach ausfüllen, ihn Dir aus dem Buch kopieren oder auf einem Block selbst aufzeichnen. Nachdem Du Dein Ernäh- rungstagebuch ausgefüllt hast, findest Du im folgenden Abschnitt eine Hilfestellung zur Analyse.

ANALYSIEREN UND BEWUSST SEIN

Lese Dir die Einträge Deines Ernährungstage- buchs nochmals komplett durch. Beantworte für Dich die folgenden Fragen und beachte, auch dabei achtsam zu sein. Es geht nicht darum zu bewerten, was Du gut oder schlecht machst, sondern vielmehr zu sehen, was ist.

→ Was ist Dir in Bezug auf die Lebensmittel (»Das Was«), die Du isst, aufgefallen?
→ Was ist Dir in Bezug auf die Menge insgesamt (»Das Wieviel«), einzelner Lebensmittelgruppen oder einzelner Lebensmittel aufgefallen oder fällt Dir jetzt auf?
→ Was ist Dir in Bezug auf Deine Hunger- und Sättigungsgefühle aufgefallen oder fällt Dir jetzt auf?
→ Was ist Dir in Bezug auf Dein Essverhalten (»Das Wie«) aufgefallen oder fällt Dir jetzt auf?
→ Was ist Dir in Bezug auf die Essenszeit (»Das Wann«) aufgefallen oder fällt Dir jetzt auf?
→ Was ist Dir in Bezug auf die Essensgründe (»Das Warum«) aufgefallen oder fällt Dir jetzt auf?
→ Was ist Dir in Bezug auf Dein Befinden rund um das Essen und/oder nach bestimmten Gerichten aufgefallen oder fällt Dir jetzt auf?

Um diese Fragen besser zu beantworten, kannst Du ähnliche Lebensmittel, sehr große Mengen, ausgelassene Mahlzeiten und heftige körperliche Reaktionen farblich passend markieren. Vielleicht fällt Dir die Analyse Deines Essverhaltens so ein wenig leichter.

	FRÜHSTÜCK	SNACK	MITTAGESSEN	SNACK	ABENDESSEN	SNACK
Was*:						
Wann:						
Wo:						
Mit wem:						
Appetit auf was:						
Essensgrund:						
Hunger vor dem Essen:**						
Aktivität beim Essen:						
Esstempo:						
Hunger nach dem Essen**						
Befinden* nach dem Essen:**						

* inklusive grober Menge und Getränken

** auf einer Skala von 1–5

** körperlich und/oder geistig; z.B. angenehm satt, energiegeladen, zufrieden, müde, Völlegefühl, nervös, schlechtes Gewissen ...

	FRÜHSTÜCK	SNACK	MITTAGESSEN	SNACK	ABENDESSEN	SNACK
Was*:						
Wann:						
Wo:						
Mit wem:						
Appetit auf was:						
Essensgrund:						
Hunger** vor dem Essen:						
Aktivität beim Essen:						
Esstempo:						
Hunger** nach dem Essen						
Befinden*** nach dem Essen:						

* inklusive grober Menge und Getränken
** auf einer Skala von 1–5
** körperlich und/oder geistig; z.B. angenehm satt, energiegeladen, zufrieden, müde, Völlegefühl, nervös, schlechtes Gewissen ...

	FRÜHSTÜCK	SNACK	MITTAGESSEN	SNACK	ABENDESSEN	SNACK
Was*:						
Wann:						
Wo:						
Mit wem:						
Appetit auf was:						
Essensgrund:						
Hunger** vor dem Essen:						
Aktivität beim Essen:						
Esstempo:						
Hunger** nach dem Essen						
Befinden*** nach dem Essen:						

 * inklusive grober Menge und Getränken
** auf einer Skala von 1–5
** körperlich und/oder geistig; z.B. angenehm satt, energiegeladen, zufrieden, müde, Völlegefühl,
   nervös, schlechtes Gewissen ...

ANWENDUNGSTIPPS: ESSEN MIT ACHTSAMKEIT

Die folgende Auswahl an Tipps dient Dir zum Einstieg und Erlernen sowie zum Intensivieren von achtsamem Essen in der Praxis. Suche Dir eine Handvoll Tipps heraus, die Dich intuitiv sofort ansprechen und die Du gerne als Rituale in Deinen Alltag integrieren möchtest. Du kannst aber ebenso gut nur mit einem einzigen beginnen. Probiere sie nach und nach und in kleinen Schritten aus. Auch hier gilt: Qualität (Deine ungeteilte Aufmerksamkeit) über Quantität (möglichst viel auf einmal zu schaffen).

HUNGERGEFÜHL WAHRNEHMEN

Bevor Du mit dem Essen beginnst, nimm ein paar tiefe Atemzüge und entspanne Dich. Spüre in Deinen Körper hinein. Nimm Dein Hungergefühl wahr. Wie viel Hunger hast Du? Wo spürst Du den Hunger? Welche Art von Hunger ist es – körperlicher Hunger, eher Appetit oder Lust, eine Art emotionaler Hunger? Fühlen sich die verschiedenen Arten von Hunger unterschiedlich an? Zum Beispiel: Ist körperlicher Hunger eher in der Bauchgegend zu spüren? Ist emotionaler Hunger eher im Geist oder der Herzgegend spürbar?

ZEIT NEHMEN

Räume Dir Zeit für Dein Essen und auch das Trinken ein. Betrachte eine Mahlzeit oder ein Getränk als Auszeit, eine Pause von Deinen anderen Tätigkeiten, in der Du ganz bei Dir sein kannst. Minimiere dabei Ablenkungen und lege Handy, Computer, Zeitung etc. beiseite. Setze Dich zum Essen außerdem bewusst hin, anstatt auf dem Weg irgendwohin schnell noch etwas in den Mund zu schieben.

LANGSAM ESSEN UND KAUEN

Achte darauf, dass Du jeden Bissen ausreichend und gründlich kaust – das kommt übrigens auch der Verdauung zugute. Am Anfang kann es helfen, Dein Kauen zu zählen. Beginne beispielsweise damit, einen Bissen 15-mal zu kauen, und steigere Dich dann nach und nach.

PAUSEN MACHEN

Lege das Besteck zwischen einzelnen Bissen ab. Nimm Dir Zeit, einzelne Bissen zu Ende zu kauen und hinunterzuschlucken. Nimm das Besteck erst wieder in die Hand, wenn Du den Bissen vollständig hinuntergeschluckt hast.

MIT ALLEN SINNEN ESSEN UND TRINKEN

Nimm bewusst alle Deine Sinne während des Essens wahr. Wie sieht Dein Essen oder ein Getränk aus? Welche Farbe(n) hat es? Wie riecht es? Wie schmeckt es? Welche Aromen kannst Du herausschmecken – zum Beispiel einzelne Zutaten, Kräuter und Gewürze, süß, salzig, sauer, bitter? Wie fühlt sich das Essen im Mund an und wie beim Kauen? Vielleicht auch: Wie hört es sich beim Kauen an? Wie verändern sich der Geschmack und die Textur durch das Kauen? (Siehe hierzu auch die Rosinenübung auf Seite 54–55.)

DER ERSTE BISSEN

Du kannst bereits mit einem einzigen Bissen beginnen, achtsam zu essen. Jede Mahlzeit bietet die Chance hierfür. Versuche so oft wie möglich, die ersten ein bis drei Bissen oder Schlucke eines Gerichts, eines Snacks oder eines Getränks aufmerksam, langsam und mit all Deinen Sinnen zu Dir zu nehmen. Das ist auch in Gesellschaft gut umsetzbar.

EINE GANZE MAHLZEIT

Iss eine ganze Mahlzeit oder einen ganzen Snack in Ruhe und achtsam. Du könntest hiermit zum Beispiel einmal pro Woche beginnen. Wähle hierfür eine Mahlzeit, die Dir den entsprechenden Raum dafür gibt. Vielleicht ist es das Frühstück am Wochenende oder einfach ein Snack, für den Du Dir einen ruhigen Moment suchst.

DEINE UMGEBUNG

Nimm über das Essen hinaus auch Deine Umgebung und Stimmung wahr. Inwieweit beeinflussen sie Dein Esserlebnis? Welche Empfindungen verursachen sie? Nimm außerdem Deine Gedanken wahr. Über was denkst Du während Deines Essens nach? Was denkst Du über das Essen selbst? Inwiefern beeinflusst das Dein Esserlebnis?

SÄTTIGUNGSGEFÜHL WAHRNEHMEN

Schätze bereits während und auch nach einer Mahlzeit ein, wie viel Hunger Du noch hast bzw. wie satt Du Dich fühlst, wo Du das Empfinden für Sättigung wahrnimmst und wie es sich anfühlt. So kannst Du Dich beispielsweise nach der Hälfte eines Gerichts oder vor einem Nachschlag fragen, wie viel Hunger Du noch hast. Wie fühlst Du Dich insgesamt? Wie befriedigt fühlst Du Dich durch das Essen? Und: Wie fühlt es sich an, angenehm gesättigt und nicht komplett voll zu sein?

KÖRPERSIGNALE WAHRNEHMEN

Beobachte, wie Du Dich – auch körperlich – während und nach einem Snack oder einer Mahlzeit fühlst. Achte auf Empfindungen im Bereich des Mundes, des Magens oder des Darms. Achte auf Dein Energielevel, Deinen Geist und Dein emotionales Befinden. Das alles kann Hinweise darauf geben, wie bekömmlich bestimmte Lebensmitteln für Dich sind und ob eventuell Unverträglichkeiten vorliegen.

DANKBAR SEIN

Jede Mahlzeit, jeder Snack und jedes Getränk bietet die Möglichkeit, dankbar zu sein: für das leckere Essen, das auf dem Teller auf Dich wartet, die Geschenke der Natur, die es beinhaltet, die Menschen, die an der Zubereitung oder Bereitstellung beteiligt waren, die Menschen, mit denen Du es genießen darfst. Nimm Dir vor oder nach dem Essen einen Moment Zeit, Dir dies bewusst zu machen und dankbar dafür zu sein.

ACHTSAMKEIT ÜBEN

*Im Prinzip hast Du bei jedem Essen und bei allen sonstigen Tätigkeiten immer
die Möglichkeit, achtsam zu sein. Dennoch helfen Dir aktive Achtsamkeitsübungen,
Deinen »Achtsamkeitsmuskel« gezielter zu trainieren, um dadurch Dein
Körper- und Selbstbewusstsein insgesamt zu stärken. Die folgenden drei »Trainings-
einheiten« sind grundlegende Übungen der Achtsamkeitspraxis basierend
auf dem Ansatz nach Jon Kabat-Zinn. Sie sind nicht als einmalige Übungen
zu verstehen, sondern vielmehr dafür konzipiert, sie als festen Bestandteil
regelmäßig in den Alltag zu integrieren.*

ÜBUNG 1: ACHTSAM ATMEN

Unser Atem ist ein ganz wundervoller Anker, um in den jetzigen Moment und in das eigene Bewusstsein zu gelangen. Du hast jederzeit, immer und überall die Möglichkeit, Deinen Atem wahrzunehmen und Dich darüber mit Dir selbst zu verbinden, Gedanken (zum Beispiel rund ums Essen) zu durchbrechen oder Dich von Urteil und Wertung zu befreien.

Vorbereitung:
Überlege Dir, wie Du die Übung durchführen möchtest: auf einem Stuhl, auf dem Boden sitzend, liegend oder stehend. Habe entsprechend ein Kissen, eine Matte oder Ähnliches parat. Nutze Dein Handy oder etwas Vergleichbares als Timer (falls Du ein Smartphone nutzt, stelle sicher, dass es im Flugmodus ist).

Hinweis: Es gibt kein Ziel bei dieser Übung, wie etwa den Kopf freizubekommen. Wenn Gedanken aufkommen, dann kommen sie eben auf. Vielmehr geht es darum, Dir dessen bewusst zu werden und Deine Aufmerksamkeit auf das Jetzt zu vertiefen – und für alles, was in diesem Jetzt ist – inklusive der Gedanken.

Tipp: Beginne mit 5 Minuten achtsamem Atmen täglich. Steigere Dich auf 10 Minuten, 15 Minuten und mehr. Dabei kann es helfen, eine feste Uhrzeit für diese Übung zu fixieren und damit ein tägliches Ritual daraus zu machen.

Anleitung:
1. Setze Dich aufrecht hin – entweder in einem aufrechten Sitz auf dem Boden oder auf die vordere Hälfte eines Stuhls. Lege die Hände locker auf Deine Oberschenkel und schließe, wenn Du möchtest, die Augen. Solltest Du Schwierigkeiten mit dem Sitzen haben, kannst Du die Übung auch im Stehen oder Liegen machen. Achte beim Liegen auf eine nicht zu bequeme Unterlage, damit Du wach bleibst.
2. Nimm bewusst ein paar tiefe Atemzüge und lasse den Atem dann ganz natürlich von selbst kommen und gehen.
3. Verfolge Deinen Atem beim Ein- und Ausatmen und achte darauf, an welcher Stelle Deines Körpers Du den Atem am besten und offensichtlichsten spürst – vielleicht ist das die Bauchgegend, der Brustbereich oder Deine Nase. Bleibe mit Deiner Aufmerksamkeit an dieser Stelle Deines Körpers und beobachte Deinen Atem an dieser Stelle.
4. Es ist ganz normal, dass Du mit Deinen Gedanken abschweifst oder durch Geräusche von außen, Körperempfindungen oder Ähnliches abgelenkt wirst. Sobald Du Dir dessen bewusst wirst, nimm das, was ist (Gedanken, Empfindungen usw.) wahr, lasse es los und bringe Deine Aufmerksamkeit einfach immer wieder sanft zurück zu Deinem Atem.

ÜBUNG 2: DIE ROSINENÜBUNG

Die Rosinenübung nach Jon Kabat-Zinn ist die zentrale Übung achtsamen Essens. Sie zeigt Dir im Detail auf, wie achtsames Essen in der Praxis funktioniert. Dabei werden bewusst kleine Mengen Nahrung aufgenommen, um die Aufmerksamkeit gezielt zu schärfen und aufzuzeigen, wie wenig es eigentlich braucht, um eine intensive Erfahrung zu machen.

Vorbereitung:
Lege Dir drei Rosinen parat. Alternativ kannst Du auch ein ähnliches kleines Lebensmittel verwenden wie andere getrocknete Früchte, frische Beeren oder Nüsse.

Tipp: Probiere diese Übung auch mit ein bis drei Stücken Schokolade, einer anderen bestimmten Süßigkeit, Chips oder Crackern. Und vielleicht mit einer Essgewohnheit, die Du schon länger versuchst zu verändern.

Anleitung:

1. Nimm die Haltung des »Beginner's Mind« ein (siehe auch Seite 40–41). Hierfür hilft es, Dir vorzustellen, Du seist ein Kind, das diesen »vollkommen neuen« Gegenstand (die Rosine) zum ersten Mal sieht. Du entdeckst diesen Gegenstand und erkundest ihn neugierig mit den »Werkzeugen«, die Dir zur Verfügung stehen – Deinen fünf Sinnen –, und ohne jegliches Urteil darüber und jegliche Wertung dessen, was an Empfindungen oder Gedanken aufkommt.

2. Betrachte den Gegenstand aufmerksam rein äußerlich. Wie sieht der Gegenstand aus? Welche Farbe(n) hat er? Welche Form und Oberfläche? Sieht er appetitlich aus? Bemerkst Du körperliche Reaktionen wie beispielsweise in der Mund- oder Bauchgegend?

3. Rieche an dem Gegenstand. Wie riecht er? Riechst Du verschiedene Dinge? Ist der Geruch appetitlich?

4. Nutze nun Deine Finger, um den Gegenstand zu fühlen. Wie fühlt er sich an? Welche Oberfläche hat er? Gibt er nach, wenn Du ihn drückst?

5. Halte den Gegenstand an Dein Ohr. Hörst Du vielleicht etwas, wenn Du den Gegenstand leicht drückst?

6. Führe Deine Hand mit voller Aufmerksamkeit zum Mund. Lege den Gegenstand auf Deine Zunge, schließe den Mund, kaue jedoch noch nicht. Wie fühlt sich der Gegenstand auf der Zunge an? Anders als bei der Erkundung mit den Fingern? Was verändert sich in Deinem Mund? Wie reagiert er auf den Gegenstand? Bemerkst Du Empfindungen in der Bauchgegend?

7. Schmeckst Du bereits etwas, bevor Du den ersten Bissen genommen hast? Nimm nun einen ganz bewussten ersten Biss. Was verändert sich am Geschmack? An der Konsistenz? Am Gefühl? Im Geist? Bewege den Gegenstand mit Deiner Zunge im Mund hin und her, um ihn in seiner Gänze zu schmecken.

8. Kaue nach und nach weiter und bleibe dabei ganz bewusst und aufmerksam in Hinblick auf Geschmack und Konsistenz. Verändern sie sich? Inwiefern? Dann schlucke den Gegenstand bewusst hinunter. Wie fühlt sich das Schlucken an? Welcher Geschmack und welches Gefühl verbleiben im Mund? Wie lange?

9. Nachdem Du den Gegenstand vollständig hinuntergeschluckt hast, nimm Dein körperliches Empfinden wahr. Wie fühlt es sich an, den Gegenstand gegessen zu haben? Welche körperlichen Gefühle nimmst Du wahr? Wie fühlt sich Deine Bauchgegend an? Wie ist Dein geistiges Befinden? Welche Gedanken sind präsent?

10. Wie hat sich das Essen des Gegenstandes auf Deine Hunger- und Sättigungsgefühle ausgewirkt? Wie sättigend war dieser Gegenstand? Wie befriedigend?

11. Wenn Du möchtest, wiederhole die Übung mit dem zweiten und dritten Gegenstand. Die Übung kann von 10 bis zu 30 Minuten dauern, je nachdem, wie aufmerksam Du den Gegenstand untersuchen möchtest.

ÜBUNG 3: ACHTSAME KÖRPERWAHRNEHMUNG

Die Wahrnehmung und das Bewusstsein für den eigenen Körper haben zwei Aspekte: Die simple Wahrnehmung des Körpers unterstützt Dich, in den jetzigen Moment zu gelangen und den Körper in diesem Moment so anzunehmen, wie er ist. Und das Intensivieren des Körperbewusstseins hilft, Deine Signale des Körpers besser wahrzunehmen und damit sowohl Hunger- und Sättigungsgefühle als auch Bekömmlichkeiten und Verträglichkeiten in Bezug auf das Essen besser einzuschätzen zu lernen.

Vorbereitung:
Diese Übung, die in der Achtsamkeitslehre nach Jon Kabat-Zinn auch als Body-Scan-Meditation bekannt ist und hier eine wesentliche Rolle spielt, wird am besten im Liegen durchgeführt. Die Unterlage sollte jedoch nicht zu bequem sein, damit Du nicht einschläfst. Führe Sie daher am Boden durch und lege Dir dafür am besten eine Yogamatte oder eine Decke parat. Ein kleines Kissen für den Kopf und unter den Knien kann ebenso hilfreich sein.

Tipp: Lasse Dir die Übung von jemandem vorlesen oder nutze eine online verfügbare angeleitete vergleichbare Version der Übung.

Anleitung:

1. Lege Dich auf den Rücken, lege die Hände seitlich neben den Körper oder auf den Bauch. Solltest Du nicht lange auf dem Rücken liegen können, führe die Übung in einer Position durch, die für Dich angenehm ist.

2. Schließe die Augen, wenn Du möchtest. Nimm ein paar tiefe Atemzüge und entspanne Dich. Nimm wahr, an welchen Stellen Deines Körpers Du in dieser Position Deinen Atem am deutlichsten spürst. Lasse Deinen Atem dann ganz von allein kommen und gehen.

3. Lenke Deine Aufmerksamkeit nun vom Atem auf Deinen Körper insgesamt, spüre in Dich hinein. Nimm wahr, welche Körperstellen durch den Atem bewegt werden und welche nicht und an welchen Stellen Deines Körper Du die Schwerkraft am meisten spürst.

4. Lenke Deine Aufmerksamkeit gezielt in Richtung Deiner Fußzehen. Spüre Deine Fußzehen und beobachte, was Du wahrnimmst. Vielleicht einen Socken, Temperatur, Druck, Empfindungen im Inneren der Zehen. Nimm Deinen Fuß in dieser Art und Weise insgesamt wahr. Beachte, dass auch keine Empfindung eine Form der Empfindung ist.

5. Spüre Deine Schienbeine und Waden. Spüre, wie Deine Waden auf dem Boden liegen. Welche Empfindungen nimmst Du ansonsten wahr?

6. Spüre Deine Knie und Oberschenkel. Vielleicht gibt es Stellen Deines Körpers, die sich unangenehm anfühlen oder schmerzen. Nimm auch das als Empfindung wahr, ohne zu urteilen, ob das gut oder schlecht ist.

7. Spüre Dein Gesäß, Dein Becken, Deinen Unterleib und Dein Steißbein.

8. Spüre Deinen Rücken und die Seiten Deines Körpers. Wie nimmst Du den Atem an diesen Körperstellen wahr?

9. Spüre Deine Bauchregion. Welche Empfindungen kannst Du hier wahrnehmen? Den Atem? Vielleicht die Verdauung? Ist Anspannung vorhanden, oder ist der Bauch entspannt?

10. Spüre Deine Brust- und Herzregion. Welche Empfindungen sind hier vorhanden?

11. Spüre die Schultern, Oberarme, Ellenbogen, Unterarme, Hände und Finger.

12. Spüre Deinen Hals, Deinen Nacken und Deine Kehle.

13. Spüre Deinen Hinterkopf, Deine Ohren, Deine Stirn, Schläfen, Augen, Wangen, Deinen Mund und Deine Nase. Vielleicht kannst Du sanfte Luftzüge Deines Atems spüren.

14. Gehe von dieser gezielten Wahrnehmung in die Wahrnehmung Deines gesamten Körpers. Wie fühlt es sich an, Deinen Körper als Ganzes wahrzunehmen? Atme ein paarmal bewusst in Deinen gesamten Körper ein und aus.

15. Öffne dann langsam die Augen, und wenn Du möchtest, recke und strecke Dich ausgiebig. Wie fühlst Du Dich jetzt nach der Übung?

Tipp: Du kannst es zur Routine machen, morgens und abends ein paar Minuten achtsame Körperwahrnehmung zu praktizieren. Spüre in Deinen Körper hinein. Wo spürst Du den Atem, welche Körperteile spürst Du besonders deutlich, welche weniger deutlich?

DREI TAGE ACHTSAM ESSEN

*Dieses drei-Tage-Programm für achtsames Essen dient Dir sowohl als idealer
Einstieg als auch zum Intensivieren Deiner achtsam-essen-Praxis. Du kannst es
außerdem immer wieder durchführen, wenn Du einmal das Gefühl hast,
aus der Balance gekommen oder gegenüber Deiner Ernährung achtlos geworden zu
sein. Nimm Dir hierfür bewusst Zeit, am besten ein verlängertes Wochenende –
Freitag bis Sonntag oder Samstag bis Montag.*

Vorbereitung

→ Räume Dir ggf. Deinen Terminkalender frei und
stimme Dich mit Partner und Familie ab, bitte
um deren Unterstützung und versuche, mit
ihnen mögliche gemeinsame Lösungen zu finden. Vielleicht möchten sie sogar mitmachen.

→ Überlege Dir, wo Du einen ruhigen Ort in
Deinen vier Wänden hast, an dem Du ungestört die Übung machen kannst.

→ Besorge Dir ein kleines Buch für Notizen.

→ Plane die Mahlzeiten, die Du zu Dir nehmen
möchtest. Nimm Dir hierfür den Rezeptteil
dieses Buches zur Hand und wähle Rezepte
aus, die Dich intuitiv ansprechen. Schreibe
Dir einen Einkaufszettel. Du musst nicht für
jedes Frühstück, Mittag- und Abendessen
etwas komplett Neues zubereiten. Du kannst
Dich beispielsweise für ein Frühstücksrezept
entscheiden und für mittags und abends
doppelte Mahlzeiten kochen, sodass Du direkt
für den nächsten Tag etwas fertig hast. Je nach
Bedarf kannst Du während der Tage mehrfach
einkaufen gehen und jeweils das einkaufen,
wonach Dir gerade an diesem Tag ist. Gleichzeitig kannst Du Dich während dieser Tage
dennoch verabreden und essen gehen – sei
dabei einfach achtsam.

→ Schreibe Dir Rosinen oder ein anderes Lebensmittel mit auf den Einkaufszettel, mit dem Du
die Rosinenübung an Tag 2 machen möchtest.

TAG 1

→ **Glas Wasser:** Beginne den Tag mit einem Glas
stillem Wasser (Zimmertemperatur oder warm).

→ **Nimm Dir aktiv Zeit:** Achtsam atmen – mache heute die Übung »Achtsam Atmen«, und
zwar 15 Minuten lang. Du findest die Anleitung auf Seite 53.

→ **Sei achtsam währenddessen:** Achtsam einkaufen – wenn Du heute einkaufen gehst,
nimm Dir bewusst Zeit dafür und sei achtsam.
Beobachte, wohin Du vielleicht automatisch
greifen möchtest, welche Lebensmittel Dich
anziehen und wie sich das Einkaufen auf
Dein Hungergefühl auswirkt.

→ **Reflexion:** Reflektiere die heutigen Übungen
und mache Dir Notizen in Dein Notizbuch.
Das kannst Du entweder direkt nach den
Übungen tun oder am Abend. Welche Erfahrung hast Du gemacht? Was ist Dir aufgefallen? Wie hast Du Dich gefühlt?

→ **Dankbarkeit:** Notiere Dir drei Dinge in Dein
Notizbuch, für die Du heute dankbar bist.
»Heute bin ich dankbar für …« Das können
beispielsweise ganz kleine Dinge sein, größere
Dinge, für die Du Dir selbst dankbar bist,
Momente oder Erfahrungen, die Du als schön
empfunden hast.

TAG 2

- → **Glas Wasser:** Beginne den Tag mit einem Glas stillem Wasser (Zimmertemperatur oder warm).
- → **Nimm Dir aktiv Zeit:** Achtsam essen – Rosinenübung. Mache heute die Rosinenübung. Du findest die Anleitung auf Seite 54–55.
- → **Sei achtsam währenddessen:** Achtsam kochen – wenn Du heute kochst, nimm Dir bewusst Zeit dafür und sei achtsam. Sei Dir der jeweiligen Schritte eines Rezepts gewahr – zum Beispiel, wie Du eine Zwiebel schälst oder ein Gemüse schneidest. Wie Du Essen abschmeckst oder mit dem Kochlöffel das Gemüse umrührst.
- → **Reflexion:** Reflektiere die heutigen Übungen und mache Dir Notizen in Dein Notizbuch. Das kannst Du entweder direkt nach den Übungen tun oder am Abend. Welche Erfahrung hast Du gemacht? Was ist Dir aufgefallen? Wie hast Du Dich gefühlt?
- → **Dankbarkeit:** Notiere Dir drei Dinge in Dein Notizbuch, für die Du heute dankbar bist. »Heute bin ich dankbar für ...«

TAG 3

- → **Glas Wasser:** Beginne den Tag mit einem Glas stillem Wasser (Zimmertemperatur oder warm).
- → **Nimm Dir aktiv Zeit:** Achtsame Körperwahrnehmung – mache heute die Übung »Achtsame Körperwahrnehmung«. Du findest die Anleitung auf Seite 56–57.
- → **Sei achtsam währenddessen:** Achtsam essen – sei heute während einer ganzen Mahlzeit achtsam. Nimm Dir Zeit, spüre Deine Hunger und Sättigungsgefühle, esse ohne Ablenkung und langsam, nimm alle Deine Sinne und Körperempfindungen wahr, achte auf Gedanken und Emotionen.
- → **Reflexion:** Reflektiere die heutigen Übungen und mache Dir Notizen in Dein Notizbuch. Das kannst Du entweder direkt nach den Übungen tun oder am Abend. Welche Erfahrung hast Du gemacht? Was ist Dir aufgefallen? Wie hast Du Dich gefühlt?
- → **Dankbarkeit:** Notiere Dir drei Dinge in Dein Notizbuch, für die Du heute dankbar bist. »Heute bin ich dankbar für ...«

Frühstück

MIT LIEBE KOCHEN

Gedanken und Gefühle beim Kochen
können eine Speise beeinflussen. Sei wachsam
in Bezug auf Deine Stimmung und
Gedanken, wenn Du kochst. Gieb bewusst
positive Gefühle in die Zubereitung einer Speise.
Denke daran, Dir und anderen damit
ein Geschenk zu machen, eine Freude
und Form von Wertschätzung. Liebe ist die
wichtigste Zutat jedes Essens.

BIRCHERMÜSLI

Für 2 Portionen

ZUTATEN

8 EL Haferflocken

3 EL grob zerkleinerte Walnusskerne (alternativ andere Nusskerne nach Wahl) plus etwas mehr zum Garnieren

2 EL grob zerkleinerte Mandelkerne (alternativ andere Nusskerne nach Wahl)

100 ml ungesüßte Pflanzenmilch nach Wahl (z. B. Mandel-, Kokos-, Soja-, Reis-, Hafermilch) plus etwas mehr nach Bedarf

50 ml naturtrüber Apfelsaft

1 EL frisch gepresster Zitronensaft

2 Äpfel

4 EL Magerquark (alternativ Natur-, Soja-, Kokosjoghurt)

1–2 TL Honig (optional)

2 TL Mandelmus (optional)

ZUBEREITUNG

Am Vorabend die Haferflocken mit den Walnusskernen, den Mandelkernen, der Milch, dem Apfel- und dem Zitronensaft in einer Schüssel gründlich vermengen und über Nacht zugedeckt quellen lassen. Am nächsten Morgen die Äpfel waschen, ggf. schälen, halbieren, entkernen und eine Hälfte beiseitelegen. Die anderen Hälften fein reiben oder in feine Streifen schneiden. Den Apfelrieb oder die Apfelstreifen, den Quark und nach Belieben den Honig zu den Haferflocken geben und alles miteinander vermengen. Sollte die Konsistenz zu fest sein, noch etwas Milch oder Wasser untermischen.

Die übrige Apfelhälfte in dünne Streifen schneiden. Das Birchermüsli in zwei Schälchen anrichten. Zum Garnieren die Apfelstreifen, die übrigen Nusskerne und nach Belieben das Mandelmus darübergeben und das Müsli servieren.

3-KÖRNER-PORRIDGE MIT HEIDELBEERKOMPOTT

Für 2 Portionen

ZUTATEN

Für den Porridge

je 4 EL (40 g) Hafer-, Dinkel- und Hirseflocken
(alternativ andere Getreideflocken nach
Wahl)
500 ml ungesüßte Pflanzenmilch nach Wahl
(z. B. Mandel-, Kokos-, Soja-, Reis-, Hafermilch)
1 TL Zimtpulver
Salz

Für das Kompott

2 Handvoll frische oder Tiefkühl-Heidelbeeren
2 TL Ahornsirup

ZUBEREITUNG

Für den Porridge die Getreideflocken in einem
kleinen Topf bei mittlerer Temperatur 2–3 Minuten rösten. Mit der Milch ablöschen, den Zimt
und 1 Prise Salz unterrühren. Die Mischung
bei niedriger Temperatur etwa 8–10 Minuten
köcheln lassen, dabei gelegentlich umrühren.

Für das Kompott währenddessen die frischen
Heidelbeeren waschen und verlesen, die tiefge-
frorenen auftauen. Die Beeren mit dem Ahornsirup in einem weiteren Topf bei mittlerer
Temperatur etwa 5 Minuten garen, dabei gelegentlich umrühren. Den fertigen Porridge in
Schälchen anrichten, das Heidelbeerkompott
darüber verteilen und sofort servieren.

OVERNIGHT OATS
MIT GEMISCHTEN BEEREN

Für 2 Portionen

ZUTATEN

Für die Overnight Oats

10 EL Haferflocken (ca. 100 g)
2 EL Leinsamen
2 EL Kürbiskerne
300 ml ungesüßte Pflanzenmilch nach Wahl
(z. B. Mandel-, Kokos-, Soja-, Reis-, Hafermilch)
plus etwas mehr nach Bedarf
½ TL gemahlene Vanille
1–2 TL Ahornsirup (alternativ Honig)

Für das Topping

2 Handvoll gemischte frische Beeren
(z. B. Himbeeren, Blaubeeren, Brombeeren;
alternativ andere Früchte nach Wahl)
1 TL Mandelmus
2 TL geschälte Hanfsamen

ZUBEREITUNG

Für die Overnight Oats am Vorabend die Haferflocken mit den Leinsamen, den Kürbiskernen
und der Milch in einer Schale vermengen und
abgedeckt über Nacht quellen lassen. Am nächsten Morgen ggf. noch etwas Pflanzenmilch
oder Wasser zu den Overnight Oats geben, falls
die Konsistenz zu fest ist. Zum Schluss alles mit
der Vanille und dem Ahornsirup abschmecken.

Für das Topping die Beeren waschen, verlesen
und auf den Overnight Oats verteilen. Dann
das Mandelmus darübergeben, alles mit den
Hanfsamen bestreuen und servieren.

QUARK-LEINÖL-CREME
MIT ERDMANDELN UND FEIGE

Für 2 Portionen

ZUTATEN

Für die Creme

250 g Magerquark
2 EL Leinöl
4–6 EL frische Vollmilch (alternativ ungesüßte
    Pflanzenmilch nach Wahl oder Wasser)
4 EL gemahlene Erdmandeln
gemahlene Vanille

Für das Topping

2 frische Feigen (alternativ andere Früchte
    nach Wahl)
2 EL geschrotete Leinsamen
1 EL Sonnenblumenkerne
2 EL gehackte Mandelkerne

ZUBEREITUNG

Für die Creme den Quark, das Leinöl und die
Milch in einer Schüssel gründlich vermengen,
bis das Leinöl vollständig untergearbeitet ist.
Dann die Erdmandeln und etwas gemahlene
Vanille unterrühren. Die Quark-Leinöl-Creme
in zwei Schälchen anrichten.

Für das Topping die Feigen waschen und längs
in Scheiben schneiden. Die Scheiben auf der
Creme verteilen. Dann nacheinander den Leinsamen, die Sonnenblumenkerne und die Mandelkerne darüberstreuen und die Creme servieren.

JOGHURT MIT GRANOLA UND BIRNEN

Für 6–8 Portionen Granola und 2 Portionen Joghurt

ZUTATEN

Für das Granola

120 g Haferflocken
60 g Haselnusskerne (alternativ Mandel-, Walnusskerne)
60 g Pekannusskerne (alternativ Haselnuss-, Mandel-, Walnusskerne)
60 g Kürbiskerne
1 EL Kokosöl
2 EL Ahornsirup
1 TL Zimtpulver
50 g getrocknete Aprikosen

Für den Joghurt

300 g Naturjoghurt (alternativ Soja-, Kokosjoghurt)
1 Birne
1–2 TL Ahornsirup (optional)

ZUBEREITUNG

Für das Granola den Backofen auf 180 °C (Ober-/Unterhitze) vorheizen. Die Haferflocken, die Haselnuss-, Pekannuss- und die Kürbiskerne, das Kokosöl, den Ahornsirup und den Zimt in einer Schüssel gründlich vermengen. Ein Backblech mit Backpapier auslegen und die Mischung darauf verteilen. Das Granola auf mittlerer Schiene etwa 20–25 Minuten backen, bis es leicht gebräunt ist, dabei nach etwa 10 Minuten einmal umrühren. Aus dem Ofen nehmen und abkühlen lassen. Die Aprikosen klein schneiden und untermischen.

Für den Joghurt den Naturjoghurt auf zwei Schälchen verteilen. Die Birne waschen, entkernen und längs in dünne Scheiben schneiden. Dann den Joghurt mit den Scheiben belegen. Zum Schluss das Granola darübergeben, den Joghurt nach Belieben zusätzlich mit Ahornsirup süßen und servieren.

FRÜHSTÜCKSBROT IN 3 VARIATIONEN

Für jeweils 2 Portionen

ZUTATEN

je 4 Scheiben traditionell hergestelltes Voll-
kornbrot (z. B. mit Dinkel, Roggen, Weizen)

Frühstücksbrot mit Tomatenrührei

4 Eier aus Freilandhaltung
4 getrocknete Tomaten
2 EL Mandelmilch (alternativ frische Vollmilch
oder Sprudelwasser)
Salz
schwarzer Pfeffer aus der Mühle
1 EL Butter (alternativ Ghee, Butterreinfett;
erhältlich im Bioladen oder Reformhaus)
2 TL Sonnenblumenkerne
2 EL frische Kresse (alternativ andere Sprossen
nach Wahl)

Frühstücksbrot mit Ziegenfrischkäse, Rote Bete und Kresse

2 Knollen gekochte Rote Bete
2 EL frische Kresse (alternativ andere Sprossen
nach Wahl)
4 EL Ziegenfrischkäse
schwarzer Pfeffer aus der Mühle

Frühstücksbrot mit Kichererbsencreme, Gurke und Radieschen

150 g verzehrfertige Kichererbsen (Abtropfgewicht)
2 EL Olivenöl
2 EL frisch gepresster Zitronensaft
Salz
schwarzer Pfeffer aus der Mühle
¼ Salatgurke
4 Radieschen
2 EL frische Kresse (alternativ andere Sprossen
nach Wahl)

ZUBEREITUNG

Die Eier in einem Schüsselchen mit einem
Schneebesen gründlich verquirlen. Die getrock-
neten Tomaten klein würfeln und mit der Milch
sowie etwas Salz und Pfeffer unter das Ei rühren. Dann die Butter bei mittlerer Temperatur
in einer Pfanne schmelzen und gleichmäßig in
der Pfanne verteilen, sodass der gesamte Boden
eingefettet ist. Die Sonnenblumenkerne darin
leicht braun rösten. Danach die Eiermasse dazugeben und unter leichtem Rühren stocken
lassen. Das fertige Rührei auf die Brote verteilen.
Die Kresse waschen, trocken tupfen. Die Brote
mit der Kresse und etwas Pfeffer bestreuen
und servieren.

Die Rote Bete in dünne Scheiben schneiden.
Die Kresse, waschen und trocken tupfen. Die
Brote jeweils zunächst mit dem Ziegenfrischkäse
bestreichen, dann die Rote-Bete-Scheiben da-
rauflegen. Die Brote mit der der Kresse und
etwas Pfeffer bestreuen und servieren.

Die Kichererbsen abspülen. Zusammen mit
dem Olivenöl und dem Zitronensaft in einer
Schale oder einem hohen Gefäß mit dem Pürierstab pürieren (alternativ einen Kartoffelstampfer nutzen). Ist die Konsistenz zu fest, 2–3 EL
Wasser dazugeben und nochmals verrühren. Mit
Salz und Pfeffer abschmecken und die Brote
mit der Creme bestreichen. Dann die Gurke und
die Radieschen waschen und in dünne Scheiben schneiden und die bestrichenen Brote mit
den Scheiben belegen. Zum Schluss die Kresse
waschen, trocken tupfen, die Brote damit bestreuen und servieren.

GEMÜSEPFANNKUCHEN MIT KRÄUTERQUARK

Für 2 große oder 4 kleine Portionen

ZUTATEN

Für den Kräuterquark

125 g Magerquark
1 EL Leinöl
2 EL gehackte Kräuter nach Wahl (z. B. Petersilie,
Schnittlauch, Basilikum, Kerbel, Estragon)
Salz
schwarzer Pfeffer aus der Mühle

Für die Pfannkuchen

100 g Vollkornmehl nach Wahl (z. B. Weizen,
Dinkel, Buchweizen)
¼ TL Weinstein-Backpulver (erhältlich im
Bioladen oder Reformhaus)
¼ TL Salz
¼ TL schwarzer Pfeffer aus der Mühle
200 ml ungesüßte Hafermilch
1 Ei aus Freilandhaltung
1 Karotte
1 kleine Zucchini
1 Lauchzwiebel
ca. 2 EL Ghee (Butterreinfett, erhältlich im
Bioladen oder Reformhaus; alternativ Butter)

ZUBEREITUNG

Für den Kräuterquark den Quark mit 1 EL Wasser und den gehackten Kräutern (ein wenig für die Dekoration beiseitestellen) in einer Schale gründlich vermengen. Mit Salz und Pfeffer abschmecken.

Für die Pfannkuchen das Mehl mit dem Backpulver, dem Salz und dem Pfeffer vermengen. Die Milch mit dem Schneebesen oder Handrührgerät gründlich unterrühren. Das Ei dazugeben und alles in 1–2 Minuten zu einem Teig schaumig rühren. Dann die Karotte, die Zucchini und die Lauchzwiebel waschen. Die Karotte schälen, die Karotte und die Zucchini raspeln. Ein Sieb mit einem Küchentuch auslegen, Zucchini- und Karottenraspeln hineingeben und mit einem weiteren Küchentuch überschüssige Flüssigkeit gut auspressen. Die Lauchzwiebel schräg in dünne Röllchen schneiden, ein paar zur Dekoration beiseitestellen. Zum Schluss das Gemüse unter den Pfannkuchenteig rühren.

Etwas Ghee in einer Pfanne erhitzen. Je Pfannkuchen 2 EL Teig in die Pfanne geben, mit dem Löffel etwas nachformen, sodass eine kreisrunde Form entsteht, und von jeder Seite etwa 2–3 Minuten goldbraun ausbacken. So insgesamt acht kleine Pfannkuchen ausbacken, dabei immer wieder etwas Ghee in die Pfanne geben. Die Pfannkuchen auf Tellern anrichten. Den Kräuterquark darauf verteilen, alles mit den übrigen Lauchzwiebeln und Kräutern garnieren und sofort servieren.

WARMER FRÜHSTÜCKSSALAT MIT SPIEGELEI

Für 2 Portionen

ZUTATEN

Für den Salat

240 ml Gemüsebrühe ohne Hefe
120 g Quinoa
2 EL Naturjoghurt
1 EL frisch gepresster Zitronensaft
1 EL Olivenöl
2 EL gehackte Kräuter nach Wahl (z. B. Schnitt-
    lauch, Dill, Petersilie, Basilikum)
Salz
schwarzer Pfeffer aus der Mühle
4 Handvoll Spinat (ca. 100 g)

Für die Spiegeleier

1 TL Ghee (Butterreinfett, erhältlich im Bioladen
    oder Reformhaus; alternativ Butter)
2 Eier aus Freilandhaltung
50 g grob zerbröselter Feta
Salz
schwarzer Pfeffer aus der Mühle

ZUBEREITUNG

Für den Salat die Gemüsebrühe in einem Topf zum Kochen bringen und die Quinoa darin bei mittlerer Temperatur etwa 15 Minuten garen. In der Zwischenzeit den Joghurt, den Zitronensaft, das Olivenöl, die Kräuter, je 2 Prisen Salz und Pfeffer mit 1 EL Wasser in einem Schüsselchen gründlich zu einem Dressing verquirlen. Den Spinat waschen, trockenschütteln und in einer Pfanne bei mittlerer Temperatur für ein paar Sekunden erhitzen, sodass er gerade eben beginnt zu zerfallen. Die Quinoa und den Spinat auf zwei Tellern anrichten und das Dressing darüberträufeln.

Für die Spiegeleier in einer Pfanne das Ghee schmelzen und die Eier darin bei mittlerer Temperatur braten, bis das Eiweiß gestockt ist und die Ränder leicht gebräunt sind. Zum Schluss die Spiegeleier auf den Frühstückssalat legen, mit dem Feta sowie etwas Salz und Pfeffer bestreuen und sofort servieren.

Leichte und schnelle Gerichte

IN KLEINEN PORTIONEN ESSEN

Um Hunger und Sättigung einschätzen zu lernen,
kann es hilfreich sein, in kleineren Portionen zu essen.
Fülle Deinen Teller nicht von Anfang an bis
zum Rand. Schätze nach einer Portion Dein Hungergefühl ein. Wenn Du noch hungrig bist, nimm
Dir nach, wenn nicht, höre auf. Das gelingt vielleicht
nicht von Anfang an, aber nach und nach wird es
Dir immer leichterfallen.

BLUMENKOHL-TABOULÉ

Für 2 große oder 4 kleine Portionen

ZUTATEN

Für das Taboulé

1 kleiner Blumenkohl (ca. 800 g)
8 Cocktailtomaten
½ Salatgurke
2 Lauchzwiebeln
1 Bund Petersilie
2 Stängel Minze
½ unbehandelte Zitrone
1 kleine Knoblauchzehe (optional)

Für das Dressing

3 EL Olivenöl
1 TL Honig (alternativ Ahornsirup)
2 Prisen Chiliflocken
Meersalz
schwarzer Pfeffer aus der Mühle

ZUBEREITUNG

Den Blumenkohl waschen, in Röschen teilen und kurz im Standmixer oder der Küchenmaschine zerkleinern, sodass eine körnige Konsistenz entsteht (ähnlich wie Couscous). Dann in einer großen Pfanne ohne Fett leicht braun rösten, dabei gelegentlich umrühren. Die Tomaten waschen, den Stielansatz entfernen und vierteln. Die Gurke waschen und in große Würfel schneiden. Die Lauchzwiebeln waschen und in etwa 0,5 cm breite Rollen schneiden. Die Kräuter waschen, trocken tupfen und fein hacken. Die Zitrone gründlich waschen, die Schale grob abreiben und den Saft auspressen und für das Dressing beiseitestellen. Falls verwendet, den Knoblauch abziehen und sehr fein würfeln oder reiben. Dann das Gemüse, die Kräuter und die Zitronenschale in einer Schüssel mischen.

Für das Dressing das Olivenöl mit dem Zitronensaft, dem Honig, dem Chili, Meersalz und Pfeffer verrühren. Gründlich mit dem Taboulé vermengen, alles auf zwei Tellern anrichten und servieren.

KARTOFFEL-ERBSEN-SALAT
MIT BASILIKUMPESTO UND PARMESAN

Für 2 große oder 4 kleine Portionen

ZUTATEN

Für den Salat

400 g kleine mehligkochende Kartoffeln
Salz
150 g Tiefkühl-Erbsen
2 EL eingelegte Kapern aus dem Glas

Für das Pesto und die Garnitur

2 EL Pinienkerne
1 Bund Basilikum
30 g frischer Parmesan
4 EL Olivenöl
1 unbehandelte Zitrone
Salz
schwarzer Pfeffer aus der Mühle

ZUBEREITUNG

Die Kartoffeln gründlich waschen. Wasser in einem Topf zum Kochen bringen, salzen und die Kartoffeln darin in etwa 15–20 Minuten gar kochen, dabei die Erbsen für die letzten 3 Minuten mitgaren. Anschließend alles abgießen, abschrecken, die Kartoffeln vierteln, alles beiseitestellen und etwas abkühlen lassen.

Für das Pesto in der Zwischenzeit die Pinienkerne in einer Pfanne ohne Fett goldbraun rösten. Das Basilikum waschen, trocken tupfen, die Blätter abzupfen und ein paar für die Dekoration beiseitelegen. 10 g Parmesan grob reiben und für die Dekoration beiseitestellen, den restlichen Parmesan fein reiben. Dann die Pinienkerne mit dem Basilikum und dem Olivenöl in einem hohen Gefäß mit dem Pürierstab zu einem glatten Pesto verarbeiten. Die Zitrone heiß abspülen, abtrocknen, etwa die Hälfte der Schale abreiben und 2 EL Saft auspressen. Danach den Abrieb, den Saft und den fein geriebenen Parmesan unterrühren und das Pesto mit Salz und Pfeffer abschmecken.

Die Kapern abtropfen lassen. Zum Schluss die lauwarmen Kartoffeln, die Erbsen und die Kapern mit dem Pesto in einer großen Schüssel verrühren. Zum Garnieren das übrige Basilikum und den grob geriebenen Parmesan darüberstreuen. Den Salat entweder noch lauwarm oder kalt servieren.

FENCHEL-APFEL-SALAT MIT WALNÜSSEN

Für 2 kleine oder 4 große Portionen

ZUTATEN

Für den Salat

1 Handvoll Walnusskerne
1 TL Ahornsirup
1 Knolle Fenchel
1 Apfel
1 Chicorée
1 Stangensellerie
1 Handvoll Basilikumblätter

Für das Dressing

4 EL Olivenöl
3 EL frisch gepresster Zitronensaft
Salz
schwarzer Pfeffer aus der Mühle

ZUBEREITUNG

Den Backofen auf 160 °C (Ober-/Unterhitze) vorheizen. Für den Salat die Walnusskerne mit einem Messer grob zerkleinern und in einer Schüssel mit dem Ahornsirup vermengen. Die Mischung auf einem mit Backpapier ausgelegten Backblech auf mitlerer Schiene etwa 8–10 Minuten backen. In der Zwischenzeit den Fenchel und den Apfel waschen. Den Fenchel längs halbieren, den Strunk entfernen und mit dem Gemüsehobel in feine Scheiben schneiden. Den Apfel vierteln, entkernen, ebenfalls in dünne Scheiben hobeln oder schneiden und mit etwas Zitronensaft beträufeln, damit er nicht braun wird. Den Chicorée waschen, trocken tupfen und quer in etwa 1 cm breite Streifen schneiden. Den Stangensellerie waschen und schräg in Scheiben schneiden.

Für das Dressing das Olivenöl mit dem Zitronensaft, etwas Salz und Pfeffer verquirlen. Dann das Dressing mit dem Fenchel, dem Apfel, dem Chicorée und dem Stangensellerie in einer großen Schüssel vorsichtig vermengen. Den Salat entweder in der Schüssel oder auf einer großen Platte anrichten. Die Basilikumblätter waschen, trockenschütteln. Den Salat mit den Basilikumblättern und den Walnüssen bestreuen und servieren.

WARMER GRÜNKOHL-QUINOA-SALAT MIT BIRNE UND MANDELDRESSING

Für 2 große oder 4 kleine Portionen

ZUTATEN

Für den Salat

150 ml Gemüsebrühe ohne Hefe
75 g Quinoa
1 Handvoll Mandelkerne
6 Grünkohlblätter
1 Birne
50 g zerbröselte Ziegenkäserolle

Für das Dressing

2 TL Mandelmus
2 EL Olivenöl
2 EL frisch gepresster Zitronensaft
1 TL Honig
1 Prise Zimtpulver
$1/4$ TL Salz
$1/4$ TL schwarzer Pfeffer aus der Mühle

ZUBEREITUNG

Für den Salat die Gemüsebrühe in einem Topf kurz zum Kochen bringen. Die Quinoa gründlich abspülen und darin bei mittlerer Temperatur etwa 15 Minuten garen. Die Mandelkerne mit einem Messer grob zerkleinern und in einer Pfanne ohne Fett bei mittlerer bis hoher Temperatur goldbraun rösten. Den Grünkohl gründlich waschen, trockenschütteln, den Strunk entfernen und den Kohl quer in Scheiben schneiden. Die Birne waschen, vierteln, entkernen und grob klein schneiden. Etwas Olivenöl in einer Pfanne erhitzen und die Grünkohlstreifen und Birnenstücke bei niedriger Temperatur etwa 5 Minuten darin dünsten.

Für das Dressing das Mandelmus, das Olivenöl, den Zitronensaft, den Honig, den Zimt, 1 EL Wasser, das Salz und den Pfeffer in einem Schüsselchen gründlich vermengen. Dann die Quinoa, den Grünkohl-Birnen-Mix und das Dressing in einer großen Schüssel miteinander vermengen. Den Salat auf zwei Tellern anrichten, die Mandelkerne und den Ziegenkäse darüberstreuen und servieren.

WARMER LINSEN-BROKKOLI-SALAT MIT RUCOLA

Für 2 große oder 4 kleine Portionen

ZUTATEN

Für den Salat

Salz
100 g grüne Linsen (Puy-Linsen)
1 getrocknetes Lorbeerblatt
1 kleiner Brokkoli (ca. 300 g)
2 EL Olivenöl
½ TL grobes Meersalz
2 Handvoll Rucola
4 EL gehackte Pistazienkerne
1 kleine Handvoll gehobelter Parmesan
   (optional)

Für das Dressing

3 EL Olivenöl
2 EL Aceto balsamico
½ TL Honig
Salz
schwarzer Pfeffer aus der Mühle

ZUBEREITUNG

Den Backofen auf 170 °C (Umluft) vorheizen. 200 ml Wasser in einem Topf zum Kochen bringen und salzen. Die Linsen gründlich abspülen und zusammen mit dem Lorbeerblatt nach Packungsanleitung gar kochen. Anschließend den Lorbeer entfernen und die Linsen abtropfen lassen.

In der Zwischenzeit den Brokkoli gründlich waschen und in Röschen teilen. 2 EL Olivenöl mit dem Meersalz in einer Schüssel vermengen und die Röschen darin wenden. Auf einem mit Backpapier ausgelegten Backblech verteilen und auf mittlerer Schiene etwa 20 Minuten backen.

Für das Dressing 3 EL Olivenöl, den Balsamico, den Honig, etwas Salz und Pfeffer in einem Schüsselchen vermengen. Den Rucola waschen und trocken schleudern. Die Linsen, den Brokkoli und den Rucola mit dem Dressing in einer großen Schüssel vorsichtig vermengen, ggf. mit Salz und Pfeffer abschmecken, auf zwei Tellern anrichten, die Pistazienkerne und nach Belieben den Parmesan darauf verteilen und servieren.

ROTE-BETE-SUPPE MIT KOKOSMILCH

Für 2 Portionen

ZUTATEN

2–3 Knollen Rote Bete (ca. 400–500 g)
1 kleine rote Zwiebel
1 kleines Stück frischer Ingwer (ca. 2 cm)
1 EL Kokosöl
300 ml Gemüsebrühe ohne Hefe
200 ml Kokosmilch
1 TL Apfelessig
Meersalz
schwarzer Pfeffer aus der Mühle
2 TL Kresse

ZUBEREITUNG

Die Rote Bete waschen, schälen und grob klein schneiden. Die Zwiebel abziehen und würfeln.

Den Ingwer schälen und reiben oder sehr klein schneiden. Das Öl in einem Topf erhitzen und die Zwiebel, den Ingwer und die Rote Bete bei mittlerer Temperatur darin anbraten. Mit der Gemüsebrühe und der Kokosmilch (dabei 2 TL von der Kokosmilch beiseitestellen) ablöschen, aufkochen und alles zugedeckt etwa 20 Minuten köcheln lassen, bis die Rote Bete weich ist. Zum Schluss den Apfelessig dazugeben und die Suppe mit dem Pürierstab oder im Standmixer fein pürieren. Mit Meersalz und Pfeffer abschmecken. Für die Garnitur die Kresse waschen und trocken tupfen. Die Suppe auf zwei Tellern anrichten und mit der Kresse und der beiseitegestellten Kokosmilch dekoriert servieren.

KÜRBIS-APFEL-SUPPE

Für 2 Portionen

ZUTATEN

1 Zwiebel
1 kleiner oder $\frac{1}{2}$ Butternusskürbis
    (ca. 700–800 g; alternativ Hokkaidokürbis)
1 EL Kokosöl
1 TL Currypulver
500 ml Gemüsebrühe ohne Hefe
1 kleiner Apfel
2–3 EL Kürbiskerne
2 TL frisch gepresster Zitronensaft
Salz
schwarzer Pfeffer aus der Mühle
etwas Kürbiskernöl (optional)

ZUBEREITUNG

Die Zwiebel abziehen und fein würfeln. Den Kürbis waschen, die Enden entfernen, den Kürbis halbieren und entkernen. Dann den Butternusskürbis schälen (beim Hokkaido nicht nötig) und in etwa 2–3 cm große Würfel schneiden.

Das Öl in einem Topf erhitzen und die Zwiebeln darin glasig dünsten. Das Currypulver und die Kürbiswürfel ein paar Minuten mitdünsten, dabei gelegentlich umrühren. Anschließend alles mit der Gemüsebrühe ablöschen, aufkochen und bei mittlerer Temperatur etwa 20 Minuten zugedeckt gar köcheln lassen. In der Zwischenzeit den Apfel vierteln, entkernen, würfeln und nach 15 Minuten Kochzeit zur Suppe geben. Die Kürbiskerne grob mit einem Messer zerkleinern und in einer Pfanne ohne Fett ein paar Minuten rösten. Den Zitronensaft in die Suppe rühren und alles mit dem Pürierstab pürieren. Sollte die Suppe zu dickflüssig sein, noch etwas Wasser dazugeben, bis sie die gewünschte Konsistenz hat. Zum Schluss mit Salz und Pfeffer abschmecken. Die Kürbis-Apfel-Suppe in zwei Schalen anrichten, die gerösteten Kürbiskerne darüberstreuen, nach Belieben mit etwas Kürbiskernöl beträufeln und servieren.

GEMÜSESUPPE MIT WEISSEN BOHNEN UND THYMIAN

Für 2 Portionen

ZUTATEN

1 Schalotte
1 Knoblauchzehe
1 große Karotte (ca. 200 g)
1 kleiner Knollensellerie (ca. 300 g)
1 Stange Lauch
1 kleiner Brokkoli (ca. 300 g)
2 Zweige frischer Thymian
1 TL Olivenöl
600 ml Gemüsefond (alternativ Gemüsebrühe
    ohne Hefe)
1 getrocknetes Lorbeerblatt
120 g verzehrfertige weiße Bohnen aus dem
    Glas (Abtropfgewicht)
Salz
schwarzer Pfeffer aus der Mühle

ZUBEREITUNG

Die Schalotte und den Knoblauch zuerst abziehen, dann die Schalotte fein würfeln und den Knoblauch mit einem Gabelrücken andrücken. Die Karotte und den Sellerie waschen, schälen und klein würfeln. Den Lauch waschen, den unteren Teil entfernen und den Lauch in etwa 1/2 cm breite Scheiben schneiden. Den Brokkoli waschen und in Röschen zerkleinern. Den Thymian waschen, trocken tupfen und die Blätter abzupfen, ein paar davon für die Dekoration beiseitelegen. Dann das Olivenöl in einem Topf erhitzen und die Schalotte und den Knoblauch darin etwa 3 Minuten glasig anbraten. Anschließend das klein geschnittene Gemüse untermischen und alles weitere 3 Minuten anbraten. Danach mit dem Gemüsefond ablöschen sowie den Thymian und den Lorbeer dazugeben. Die Suppe kurz zum Kochen bringen und dann bei niedriger Temperatur etwa 15 Minuten zugedeckt köcheln lassen, bis das Gemüse gar ist.

Kurz vor Ende der Garzeit die Bohnen untermischen. Zum Schluss das Lorbeerblatt und den Knoblauch entfernen und alles mit Salz und Pfeffer abschmecken. Die Suppe in zwei Schalen anrichten, mit den zurückbehaltenen Thymianblättchen dekorieren und sofort servieren.

KARTOFFEL-SELLERIE-SUPPE MIT BUTTERHASELNÜSSEN

Für 2 Portionen

ZUTATEN

3 mehligkochende Kartoffeln (ca. 300 g)
1 kleiner Knollensellerie (ca. 200 g; alternativ
   1 große Pastinake)
2 Schalotten
1 EL Rapsöl
500 ml Gemüsebrühe ohne Hefe
1 kleine Handvoll Haselnusskerne
2 EL Butter
8 frische Salbeiblätter (alternativ frische
   Rosmarinnadeln)
1 TL Apfelessig
Salz
schwarzer Pfeffer aus der Mühle

ZUBEREITUNG

Die Kartoffeln und den Sellerie waschen, schälen und grob in Würfel schneiden. Die Schalotten abziehen und in feine Würfel schneiden. Dann das Öl in einem Topf erhitzen und die Schalotten, die Kartoffeln und den Sellerie darin unter Rühren etwa 2–3 Minuten anbraten. Mit der Gemüsebrühe ablöschen, alles kurz zum Kochen bringen und dann bei niedriger Temperatur etwa 15–20 Minuten zugedeckt köcheln lassen, bis die Kartoffeln und der Sellerie weich sind.

In der Zwischenzeit die Haselnusskerne grob klein hacken. Die Butter in einer kleinen Pfanne zerlassen und die Nüsse darin bei mittlerer Temperatur goldbraun rösten. Anschließend die Salbeiblätter kurz mitrösten und die Pfanne vom Herd nehmen. Die Suppe mit dem Pürierstab oder im Standmixer fein pürieren und zum Schluss mit dem Apfelessig, Salz und Pfeffer abschmecken. Die Suppe in zwei Schälchen anrichten, die Salbeiblätter und Butterhaselnüsse darauf verteilen und sofort servieren.

Rezepte für mehr Zeit

ZEIT ZU KOCHEN

Kochen kann zur wunderbaren Achtsamkeitsübung werden. Räume Dir Zeit für das Kochen ein. Sei Dir der einzelnen Schritte sowie Handlungen bewusst: Nimm wahr, wie Du Gemüse wäschst, schneidest und vorbereitest. Wie Du den Kochlöffel nutzt. Welche Empfindungen dabei in Deinem Körper entstehen – wie etwa ein größer werdendes Hungergefühl oder Speichel, der sich in Deinem Mund bildet. Welche Gerüche entstehen, und wie sieht die Transformation von den Zutaten hin zu einem Gericht aus?

GEMÜSE-CHILI MIT JOGHURT

Für 2 Portionen

ZUTATEN

1 Süßkartoffel (ca. 250 g)

1 Karotte

1 gelbe Paprikaschote

1 rote Chilischote

1 Zwiebel

1 Knoblauchzehe

½ Bund Koriander

230 g verzehrfertige Kichererbsen (Abtropfgewicht)

1 EL Kokosfett oder Rapsöl

½ TL Kreuzkümmel

½ TL Zimtpulver

400 g stückige Tomaten aus der Konserve

Salz

schwarzer Pfeffer aus der Mühle

125 g Naturjoghurt

ZUBEREITUNG

Die Süßkartoffel und die Karotte waschen, schälen und in mundgerechte Stücke schneiden. Die Paprika waschen, entkernen und ebenso in mundgerechte Stücke schneiden. Die Chili waschen, entkernen und fein hacken. Die Zwiebel und den Knoblauch zuerst abziehen, danach die Zwiebel würfeln und den Knoblauch fein hacken. Den Koriander waschen, trockenschütteln und grob hacken. Die Kichererbsen abspülen.

Das Öl in einem Topf erhitzen und die Zwiebel darin etwa 3 Minuten anbraten. Anschließend die Süßkartoffel, Karotte, Paprika, Chilischote, den Knoblauch, ¾ des Korianders, den Kreuzkümmel und Zimt darin 3 Minuten mitrösten. Die Kichererbsen und die Tomaten untermischen, dabei die Tomaten mit einem Kochlöffel zerdrücken. Wasser bis zum Rand in die Dose füllen, zum Gemüse geben, alles kurz zum Kochen bringen und dann bei geringer Temperatur etwa 25 Minuten köcheln lassen, dabei hin und wieder umrühren.

Das Chili zum Schluss mit Salz und Pfeffer abschmecken und in zwei Schalen anrichten. Zum Garnieren den Joghurt darübergeben, die restlichen Korianderblätter auf dem Chili und dem Joghurt verteilen und sofort servieren.

ROTE-BETE-QUICHE MIT WALNÜSSEN UND FETA

Für 1 Quiche (Ø ca. 28 cm)

ZUTATEN

Für den Boden

250 g Dinkelvollkornmehl plus etwas mehr
   für die Arbeitsfläche
1 gestrichener TL Salz
125 g kalte Butter plus etwas mehr für die Form
1 Ei aus Freilandhaltung

Für die Füllung

1 rote Zwiebel
2 Knollen Rote Bete (ca. 300-400 g)
4–5 Zweige Thymian
1 TL Kokosfett
1 TL Apfelessig
1 TL Honig
200 ml Kokosmilch
2 Eier aus Freilandhaltung
Salz
schwarzer Pfeffer aus der Mühle
100 g Feta
40 g grob zerkleinerte Walnusskerne

ZUBEREITUNG

Den Ofen auf 200 °C (Ober-/Unterhitze) vorheizen. Für den Boden das Dinkelmehl und das Salz in einer Schüssel mischen. Die Butter in Stücke schneiden, dazugeben und alles mit den Händen verkneten, bis die Butterstückchen vollständig untergearbeitet sind. Dann das Ei und 2 EL kaltes Wasser dazugeben und alles gründlich zu einem glatten Teig kneten. Sollte die Konsistenz zu krümelig sein, noch etwas Wasser zufügen. Einen Ziegel aus dem Teig formen, in Klarsichtfolie wickeln und für etwa 30 Minuten in den Kühlschrank stellen.

Für die Füllung in der Zwischenzeit die Zwiebel abziehen und in kleine Würfel schneiden. Die Rote Bete schälen und raspeln. Den Thymian waschen, trockenschütteln und die Blätter abzupfen. Das Kokosfett in einer Pfanne erhitzen und die Zwiebel darin kurz anbraten. Die Rote Bete, den Apfelessig, den Honig sowie die Hälfte der Thymianblätter dazugeben und alles etwa 5 Minuten anbraten. Anschließend die Pfanne vom Herd nehmen. Die Kokosmilch, die Eier, Salz und Pfeffer mit einem Schneebesen verquirlen.

Den Teig für den Boden auf einer bemehlten Arbeitsfläche oder zwischen zwei Klarsichtfolien dünn ausrollen. Eine Auflauf-, Spring- oder Tarteform mit etwas Butter einfetten, den Teig vorsichtig auf dem Boden der Form verteilen, andrücken und überstehende Ränder entfernen. Den Teig mehrfach mit einer Gabel einstechen und auf mittlerer Schiene für 10 Minuten vorbacken.

Die Form aus dem Backofen nehmen, die Rote-Bete-Füllung auf dem Quicheboden verteilen und die Kokosmilch-Eier-Mischung gleichmäßig darübergießen. Zum Schluss den Feta grob zerbröseln und mit den restlichen Thymianblättern sowie den Walnüssen über der Quiche verteilen. Die Quiche auf mittlerer Schiene etwa 25 bis 30 Minuten backen, bis der Feta und die Füllung beginnen, goldbraun zu werden, und servieren.

CREMIGER MANGOLD-REIS MIT BOHNEN

Für 2 Portionen

ZUTATEN

150 g Rundkorn-Naturreis
4 große Blätter Mangold (ca. 300 g)
2 Schalotten
1 Knoblauchzehe
3 TL Olivenöl
1 getrocknetes Lorbeerblatt
600 ml Gemüsefond (alternativ Gemüsebrühe)
2 EL Pinienkerne
20 g frisch geriebener Parmesan
½ unbehandelte Zitrone
150 g verzehrfertige weiße Bohnen (Abtropfgewicht)
Salz
Frisch gemahlener schwarzer Pfeffer

ZUBEREITUNG

Den Reis gründlich abspülen. Den Mangold waschen und den festeren Stiel vom feineren Blätterteil trennen. Die Stiele quer in ca. 1 cm breite Streifen schneiden. Die feineren Blätter ebenfalls in ca. 1 cm breite Streifen schneiden und beiseitelegen. Die Schalotten und den Knoblauch abziehen. Die Schalotten längs in feine Scheiben schneiden und den Knoblauch andrücken. Das Olivenöl in einem großen Topf erhitzen und die Mangoldstiele, die Schalotten und den Knoblauch 1–2 Minuten anbraten. Den Reis und das Lorbeerblatt dazugeben, mit dem Gemüsefond ablöschen, aufkochen und bei mittlerer Temperatur etwa 40 Minuten halb zugedeckt köcheln lassen.

In der Zwischenzeit die Pinienkerne in einer Pfanne ohne Fett goldbraun rösten und vom Herd nehmen. Den Parmesan fein hobeln. Die Zitronenhälfte abwaschen, abtrocknen, die Schale abreiben und den Saft auspressen. Alles beiseitestellen.

Das Lorbeerblatt und den Knoblauch aus dem Topf entfernen. Die Bohnen abspülen, zusammen mit den Mangoldblättern zum Reis dazugeben und alles für weitere 5 Minuten köcheln lassen, dabei gelegentlich umrühren. Alles mit Salz, dem Zitronenabrieb und dem Zitronensaft abschmecken. Den cremigen Mangold-Reis auf zwei tiefe Schalen verteilen, die Pinien-kernen, den Parmesan und etwas frisch ge-mahlenen schwarzen Pfeffer darübergeben und sofort servieren.

GEFÜLLTE TOMATEN MIT OFENGEMÜSE

Für 2 Portionen

ZUTATEN

Für das Ofengemüse

2 Karotten
4 kleine Kartoffeln
2 Pastinaken
2 Rote Bete
1 weiße Zwiebel
2 Zweige frischer Rosmarin
2 EL Rapsöl
1 TL Meersalz
schwarzer Pfeffer aus der Mühle

Für die gefüllten Tomaten

4 Tomaten
1/4 Bund glatte Petersilie
50 g Cashewnusskerne
100 g Feta
ein paar Chiliflocken
2 TL Raps- oder Olivenöl
schwarzer Pfeffer aus der Mühle

ZUBEREITUNG

Den Backofen auf 180 °C (Umluft) vorheizen. Für das Ofengemüse alle Gemüsesorten zuerst waschen und schälen. Danach die Karotten, die Kartoffeln und die Pastinaken längs vierteln und die Rote Bete in mundgerechte Stücke schneiden. Die Zwiebel abziehen und längs vierteln. Den Rosmarin waschen, trocken schütteln und die Nadeln abzupfen. Dann das Gemüse inklusive Zwiebel mit dem Rosmarin, dem Öl, dem Meersalz und dem Pfeffer in einer großen Schüssel mit den Händen vermengen. Die Mischung in einer ofenfesten Form verteilen und auf mittlerer Schiene insgesamt etwa 40–45 Minuten backen (nach etwa 20 Minuten die gefüllten Tomaten dazugeben).

Für die gefüllten Tomaten die Tomaten waschen und den oberen Teil mit dem Stielansatz quer als Deckel abschneiden. Das Kerngehäuse mit einem Löffel herauslösen. Die Petersilie waschen, trockenschütteln und fein hacken. Die Cashewnusskerne klein hacken. Den Feta zerbröseln. Anschließend die Petersilie mit den Cashewnusskernen, dem Feta, den Chiliflocken und dem Öl in einer Schüssel mit einer Gabel vermischen und mit Pfeffer würzen. Die Tomaten mit der Feta-Cashew-Mischung füllen und die Deckel daraufsetzen, für 20–25 Minuten zum Gemüse geben und wenn alles gar ist sofort servieren.

ZUCCHETTI-SPAGHETTI-MIX
MIT LINSENBOLOGNESE

Für 2 Portionen

ZUTATEN

Für die Bolognese

1 Schalotte
1 Karotte
1 Stück Knollensellerie (80 g)
2 Champignons
1 EL Olivenöl
1 EL Tomatenmark
50 g grüne Linsen (alternativ Puy-Linsen oder
    Berglinsen)
200 ml Gemüsefond (alternativ Gemüsebrühe)
400 g geschälte Tomaten aus der Konserve
1 Zweig frischer Thymian
1 Zweig frischer Majoran
1 getrocknetes Lorbeerblatt
$\frac{1}{2}$ TL Ahornsirup
Salz
schwarzer Pfeffer aus der Mühle

Für die Spaghetti

2 Zucchini (ca. 500 g)
Salz
120 g Vollkornspaghetti (z. B. Weizen-, Dinkel-,
    Kamutspaghetti)
2 EL grob geriebener Parmesan (optional)

ZUBEREITUNG

Für die Bolognese die Schalotte abziehen und in feine Würfel schneiden. Die Karotte und den Knollensellerie waschen, schälen und in kleine Würfel schneiden. Die Champignons putzen und ebenso in kleine Würfel schneiden. Dann das Olivenöl in einer großen Pfanne erhitzen und die Schalotte und das Gemüse darin bei mittelhoher Temperatur 5 Minuten anbraten. Das Tomatenmark dazugeben und unter Rühren 5 Minuten mit anbraten. Zum Schluss die Linsen untermischen und alles mit dem Gemüsefond und den Tomaten ablöschen. Den Thymian und den Majoran waschen und die Blätter abzupfen. Beides mit dem Lorbeerblatt untermischen, alles kurz zum Kochen bringen und dann bei niedriger Temperatur 40-45 Minuten köcheln lassen. Zum Schluss die Bolognese mit dem Ahornsirup, Salz und Pfeffer abschmecken.

Für die Spaghetti in der Zwischenzeit reichlich Wasser in einem großen Topf zum Kochen bringen. Die Zucchini waschen und mit einem Spiralschneider in Spaghettiform schneiden. Das Nudelwasser salzen und die Spaghetti gemäß Packungsanleitung darin bissfest garen, dabei etwa 2 Minuten vor Ende der Garzeit die Zucchetti dazugeben und mitgaren. Den Zucchetti-Spaghetti-Mix in ein Sieb abgießen. Auf zwei Tellern anrichten, die Linsenbolognese darauf verteilen, mit dem Parmesan, falls verwendet, und mit Pfeffer bestreuen und sofort servieren.

Koche
is
Lieb

100 g Lieb
Eine Prise Leidenscha
1 Esslöffel Zei
3 P d Geschmacksknospes
1 cher geschärfte Sinne
50 g Muße

POLENTA MIT SPINAT UND TOMATEN

Für 2 Portionen

ZUTATEN

Für das Gemüse

2 Rispen Kirschtomaten (ca. 200 g)
1 TL Olivenöl
1 Prise Meersalz
schwarzer Pfeffer aus der Mühle
200 g Spinat
1 kleine Knoblauchzehe
1 TL Olivenöl
1 Prise Muskatnuss
Salz

Für die Polenta

300 ml Gemüsebrühe ohne Hefe
200 ml Hafermilch (alternativ andere Milch
   nach Wahl oder Gemüsebrühe)
1 Prise Meersalz
100 g Maisgrieß
30 g frisch geriebener Parmesan plus etwas
   mehr zum Garnieren

ZUBEREITUNG

Den Backofen auf 180 °C (Ober-/Unterhitze) vorheizen. Für das Gemüse die Tomaten waschen und in einer ofenfesten Form verteilen. Das Öl darüberträufeln, das Meersalz und Pfeffer daraufstreuen und die Tomaten auf mittlerer Schiene etwa 25 Minuten backen.

In der Zwischenzeit den Spinat waschen. Den Knoblauch abziehen und fein hacken. Das Öl in einem Topf erhitzen und den Knoblauch kurz darin anbraten. Den Spinat dazugeben, den Herd ausschalten und den Spinat rühren, bis er zusammenfällt. Mit der Muskatnuss, je 1 Prise Salz und Pfeffer abschmecken, auf einen Teller geben und mit einem Deckel warm halten.

Für die Polenta die Brühe und die Milch mit dem Salz in einem Topf kurz zum Kochen bringen. Den Herd ausschalten, den Maisgrieß in die Brühe einrieseln lassen und mit einem Schneebesen etwa 2 Minuten unterrühren. Die Polenta 8–10 Minuten mit der Resthitze der Herdplatte zu Ende garen. Zum Schluss den Parmesan untermischen. Die Polenta auf zwei Tellern anrichten, den Spinat und die Tomaten darauf verteilen, etwas Parmesan darüberstreuen und sofort servieren.

KÜRBISPÜREE MIT GERÖSTETEN PILZEN

Für 2 Portionen

ZUTATEN

Für das Püree

1 Hokkaidokürbis (ca. 700–800 g)
Salz
schwarzer Pfeffer aus der Mühle

Für die Pilze

1 Schalotte
1 kleine Knoblauchzehe
400 g Pilze nach Wahl (z. B. Kräutersaitlinge,
    Steinpilze, Champignons)
4 Zweige frischer Thymian
4 TL Olivenöl

ZUBEREITUNG

Den Backofen auf 180 °C (Ober-/Unterhitze) vorheizen. Für das Püree den Kürbis gründlich waschen, längs halbieren, mit einem Löffel die Kerne herauslösen. Den Kürbis mit der geschnittenen Seite nach unten auf ein mit Backpapier ausgelegtes Backblech legen und auf mittlerer Schiene etwa 40–45 Minuten backen, bis das Kürbisfleisch weich ist. Aus dem Ofen nehmen und den Stielansatz sowie den unteren Teil des Kürbisses entfernen. Dann das Kürbisfleisch in einer Schüssel mit einem Kartoffelstampfer oder einer Gabel zerdrücken oder mit einem Pürierstab grob pürieren. Zum Schluss mit Salz und Pfeffer würzen.

Für die Pilze die Schalotte und den Knoblauch abziehen und in feine Würfel schneiden. Die Pilze putzen und klein schneiden. Den Thymian waschen, trockenschütteln und die Blätter von 2 Zweigen abzupfen. 2 TL Öl in einer Pfanne erhitzen und die Schalotten- und Knoblauchwürfel darin bei mittlerer Temperatur glasig anbraten. Die Pilze und den Thymian dazugeben und etwa 5 Minuten mitbraten. Zum Schluss mit Salz und Pfeffer würzen. Das Kürbispüree auf zwei Tellern anrichten und die Pilze darauf verteilen. Mit je 1 TL Olivenöl beträufeln, den übrigen Thymianzweigen dekorieren und sofort servieren.

QUINOA-BRATLINGE MIT GERÖSTETEN KAROTTEN

Für 2 Portionen

ZUTATEN

Für die Karotten

8–10 kleine Karotten (ca. 300 g)
2 EL Olivenöl
1 EL Ahornsirup
Salz
frisch gemahlener schwarzer Pfeffer

Für die Bratlinge

100 g Blumenkohl
200 ml Gemüsebrühe
100 g Quinoa
2 EL gehackte glatte Petersilie
75 grob zerbröselter Feta
3–4 EL Vollkornmehl (z. B. Weizen, Dinkel,
   Buchweizen)
1 Ei aus Freilandhaltung
1/4 TL Salz
1/4 TL frisch gemahlener schwarzer Pfeffer
2 EL Ghee (Butterreinfett, erhältlich im
   Bioladen oder Reformhaus; alternativ
   Butter)
150 g griechischer Joghurt
etwas frische Kresse

ZUBEREITUNG

Den Backofen auf 180 °C (Ober-/Unterhitze)
vorheizen. Die Karotten waschen, der Länge nach
halbieren und in eine ofenfeste Form legen.
Das Olivenöl und den Ahornsirup mit Salz und
Pfeffer vermischen und über die Karotten verteilen. Die Karotten in den Backofen geben
und ca. 35–40 Minuten rösten.

Für die Bratlinge den Blumenkohl waschen, in
Röschen teilen und kurz im Standmixer oder der
Küchenmaschine zerkleinern, sodass eine körnige
Konsistenz entsteht (ähnlich wie Couscous).
Die Gemüsebrühe in einem Topf zum Kochen
bringen und die Quinoa und den Blumenkohl
darin bei mittlerer Temperatur etwa 15 Minuten
köcheln lassen, bis die gesamt Flüssigkeit ver-
schwunden ist. Anschließend die Quinoa-Blumen-
kohl-Mischung in einer Schüssel mit einem
Löffel zu einer cremigen Masse zerdrücken. Die
Petersilie, den Feta, das Mehl, das Ei und etwas
Salz und Pfeffer dazugeben und gründlich vermengen. Bei Bedarf etwas Mehl hinzufügen,
sodass eine nicht zu feuchte Masse entsteht,
und etwa acht Bratlinge daraus formen. Das
Ghee in einer Pfanne erhitzen und die Bratlinge darin von beiden Seiten bei mittlerer
Temperatur braten, bis sie goldbraun sind.

Die Karotten auf zwei Tellern anrichten und
die Quinoa-Bratlinge dazulegen. Je einen
großzügigen Klecks griechischen Joghurt
dazugeben, etwas frische Kresse darüberstreuen und sofort servieren.

Snacks

BEWUSST ABWARTEN

Manchmal haben wir das Gefühl, wir müssten jetzt sofort etwas ganz Bestimmtes essen: Heißhunger. Wenn Du das nächste Mal Appetit oder einfach nur Lust auf etwas zu essen hast, ohne körperlichen Hunger, warte bewusst 5 bis 10 Minuten ab. Frage Dich dann, ob das Verlangen oder die Lust noch genauso intensiv ist oder ob Du das Essen jetzt eigentlich gar nicht brauchst. Wenn das Verlangen weiterhin da ist, nimm ein kleines Stück oder eine kleine Portion und iss es bzw. sie achtsam.

GEMÜSESTICKS MIT DREIERLEI DIPS

Für jeweils 4 Portionen

ZUTATEN

ZUBEREITUNG

Für die Sticks

2–4 kleine Karotten
8 Radieschen
1–2 kleine Salatgurke
6 Stangensellerie
1 Chicorée

Das Gemüse gründlich waschen. Die Karotten, die Radieschen und die Gurke längs halbieren oder vierteln. Den Sellerie in Stifte schneiden. Den Chicorée in Blätter teilen, waschen und trocken schütteln. Dann die Gemüsesticks auf einer Platte anrichten und mit einem oder mehreren der folgenden Dips servieren.

Für den Feta-Tomaten-Dip

200 g Feta
6–8 getrocknete Tomaten
1 EL gehacktes frisches Basilikum
½ TL frischer oder getrockneter Oregano
2 EL Olivenöl
Meersalz
schwarzer Pfeffer aus der Mühle

Den Feta zerbröseln und in ein hohes Gefäß geben. Die Tomaten sehr klein schneiden und mit dem Basilikum, dem Oregano, dem Olivenöl und 2–3 EL Wasser zum Feta geben. Alles mit dem Pürierstab grob pürieren. Zum Schluss den Dip mit Meersalz und Pfeffer abschmecken.

Für den Rote-Bete-Dip

250 g gekochte Rote Bete
50 g Walnusskerne
½ Bund Petersilie
2 EL Olivenöl
1 EL Apfelessig
Meersalz
schwarzer Pfeffer aus der Mühle

Die Rote Bete grob zerkleinern und in ein hohes Gefäß geben. Die Walnusskerne grob hacken. Die Petersilie waschen, die Blätter abzupfen, grob klein schneiden und zusammen mit den Walnusskernen, dem Olivenöl und dem Apfelessig zur Roten Bete geben. Alles mit dem Pürierstab grob pürieren, bis die Rote Bete zerkleinert ist. Zum Schluss den Dip mit Meersalz und Pfeffer abschmecken.

Für den Zitronenhummus

1 unbehandelte Zitrone
1 kleine Knoblauchzehe (optional)
230 g verzehrfertige Kichererbsen (Abtropfgewicht)
1 EL Tahini (Sesampaste)
1 EL Olivenöl
Salz
schwarzer Pfeffer aus der Mühle

Die Zitrone mit heißem Wasser gründlich waschen und trocken reiben. Die Schale abreiben und den Saft auspressen. Den Knoblauch abziehen und reiben. Die Kichererbsen abspülen. Zusammen mit der Zitronenschale und dem -saft, dem Knoblauch, dem Tahini, dem Olivenöl, 2–4 EL Wasser sowie etwas Salz und Pfeffer im Standmixer oder mit dem Pürierstab zu einer glatten Masse pürieren. Sollte die Konsistenz des Dips zu fest sein, noch etwas mehr Wasser untermischen.

KÖRNIGES KNÄCKEBROT

Für ca. 1 Blech

ZUTATEN

100 g Vollkornmehl nach Wahl (Weizen, Dinkel, Buchweizen)
100 g Haferflocken
50 g Sonnenblumenkerne
50 g Kürbiskerne
40 g Sesamsamen plus etwas mehr zum Bestreuen
40 g Leinsamen plus etwas mehr zum Bestreuen
½ TL Salz
2 EL Rapsöl

ZUBEREITUNG

Den Backofen auf 150 °C (Umluft) vorheizen. Alle Zutaten mit 300 ml Wasser in einer großen Schüssel gründlich zu einem Teig vermengen. Den Teig dünn auf ein mit Backpapier ausgelegtes Blech streichen und mit einem Pizzaschneider oder Messer Rechtecke in der gewünschten Größe in den Teig schneiden. Etwas Sesam- und Leinsamen darüberstreuen und das Knäckebrot im Backofen auf mittlerer Schiene 50–60 Minuten backen, bis es goldbraun ist. Das fertig gebackene Knäckebrot abkühlen lassen, in Stücke brechen und luftdicht verschlossen für maximal 5 Tage aufbewahren.

GERÖSTETE MANDELN MIT THYMIAN

Für 4–6 Portionen

ZUTATEN

3 Zweige frischer Thymian
1 TL Olivenöl
250 g blanchierte Mandelkerne
2 Prisen Meersalz
schwarzer Pfeffer aus der Mühle

ZUBEREITUNG

Den Thymian waschen, trockenschütteln und die Blätter abzupfen. Das Öl in einer großen Pfanne erhitzen und die Mandelkerne darin bei mittlerer Temperatur goldbraun rösten. Den Thymian dazugeben und kurz mitrösten. Zum Schluss das Meersalz und 2 Prisen Pfeffer unterrühren. Vor dem Servieren die fertig gerösteten Mandeln abkühlen lassen.

WIRSING-CHIPS

Für 2–4 Portionen

ZUTATEN

250 g Wirsingblätter
2 EL Olivenöl
Meersalz
1/2 TL Paprikapulver, edelsüß (optional)

ZUBEREITUNG

Den Backofen auf 100 °C (Umluft) vorheizen. Die Wirsingblätter gründlich waschen und mit einem Küchentuch trocken tupfen. Die Blätter in mundgerechte Stücke zupfen und in einer Schüssel mit dem Öl, dem Meersalz und nach Belieben dem Paprikapulver mit den Händen gründlich vermengen. Dann die Wirsingblätter auf zwei mit Backpapier ausgelegten Backblechen verteilen und auf mittlerer Schiene etwa 45 Minuten backen, dabei alle 15 Minuten verrühren bzw. wenden. Die fertigen Chips am besten sofort servieren, da sie schnell an Knusprigkeit verlieren.

HERZHAFTE ROSMARINMUFFINS

Für 12 Stück

ZUTATEN

Für den Teig

200 ml Hafermilch (alternativ frische Vollmilch)
100 ml Rapsöl
1 Ei aus Freilandhaltung
125 g Vollkornmehl nach Wahl (z. B. Dinkel,
   Weizen)
125 g Maismehl (alternativ Vollkornmehl
   nach Wahl)
2 TL Weinstein-Backpulver (erhältlich im
   Bioladen oder Reformhaus)
1 TL Meersalz
50 g frisch geriebener Parmesan
3 EL gehackter frischer Rosmarin

Zum Backen

1 Muffinblech mit 12 Mulden oder 12 Muffinförmchen
Öl zum Einfetten nach Bedarf

ZUBEREITUNG

Den Backofen auf 180 °C (Umluft) vorheizen. Zum Backen die Mulden des Muffinblechs mit etwas Öl einfetten oder ein Backblech mit Muffinförmchen auslegen. Für den Teig die Milch, das Öl und das Ei gründlich In einer großen Schüssel verquirlen. Das Vollkornmehl, das Maismehl, das Backpulver und 1/2 TL Meersalz mischen und die Mischung mit der Milch-Öl-Ei-Masse in der Schüssel zu einem glatten Teig verarbeiten. Den Teig 5 Minuten ruhen lassen.

Dann den Parmesan und 2 EL Rosmarin mit einem Kochlöffel unterheben und den Teig in den Muffinmulden oder -förmchen verteilen.

Die Muffins auf mittlerer Schiene etwa 20 Minuten backen. Dann aus dem Ofen nehmen und mit dem Rest des Rosmarins und des Meersalzes bestreuen. Die Muffins anschließend abkühlen lassen und entweder sofort servieren oder luftdicht verschlossen für maximal 3 Tage aufbewahren.

MÜSLIRIEGEL

Für 10–12 Stück

ZUTATEN

100 g Haferflocken (Kleinblatt)
100 g Sonnenblumenkerne
30 g Sesamsamen
50 g getrocknete Cranberries (alternativ Rosinen oder andere Trockenfrüchte, klein geschnitten)
1 Prise Meersalz
½ TL Zimtpulver (optional)
2 EL Kokosöl
100 ml Ahornsirup

ZUBEREITUNG

Den Backofen auf 180 °C (Umluft) vorheizen. Die Haferflocken, die Sonnenblumenkerne, die Sesamsamen, die Cranberries, das Meersalz und nach Belieben den Zimt in einer Schüssel vermengen. Das Kokosöl in einem kleinen Topf bei geringer Temperatur schmelzen. Den Ahornsirup dazugeben und mit dem Kokosöl verquirlen. Dann die Ölmischung mit den trockenen Zutaten in der Schüssel zügig vermengen.

Die Masse auf einem mit Backpapier ausgelegten Backblech verteilen und mit einem Löffel zu einem etwa 1 cm hohen Rechteck glatt streichen. Auf mittlerer Schiene etwa 15–20 Minuten goldbraun backen. Danach auf dem Blech komplett abkühlen lassen und erst dann vorsichtig mit einem Messer oder den Händen in 10–12 Stücke schneiden oder brechen. Die Müsliriegel entweder sofort servieren oder luftdicht verschlossen für maximal 5 Tage aufbewahren.

ENERGIEKUGELN IN 2 VARIATIONEN

Für jeweils ca. 20 Stück

ZUTATEN

Für die Kakao-Mandel-Energiekugeln

150 g Datteln (vorzugsweise Medjool, da sie
  sehr saftig sind)
150 g gemahlene Mandelkerne
25 g rohes Kakaopulver (erhältlich im Bioladen
  oder Reformhaus)
½ TL Zimtpulver
Salz

Für die Aprikosen-Hanf-Energiekugeln

120 g Cashewnusskerne
150 g getrocknete Aprikosen
50 g Haferflocken
30 g geschälte Hanfsamen (erhältlich im Bioladen oder Reformhaus; alternativ Kokosraspel)
Mark von ½ Vanilleschote (alternativ
  1 TL gemahlene Vanille)
Salz

ZUBEREITUNG

Die Datteln entkernen, grob zerkleinern und
für etwa ½ Stunde in Wasser einweichen.
Danach aus dem Wasser nehmen, gut abtropfen lassen und im Standmixer oder in der
Küchenmaschine grob pürieren. 2 EL von den
Mandelkernen beiseitestellen, den Rest mit
dem Kakao-, dem Zimtpulver und 1 Prise Salz
zu den Datteln geben und alles zu einem
glatten Teig verarbeiten. Sollte die Konsistenz
zu trocken sein, 1–2 EL Wasser dazugeben.
Aus dem fertigen Teig etwa 20 walnussgroße
Kugeln formen. Die beiseitegestellten Mandeln in eine Schüssel geben und die Kugeln so
in den Mandeln wenden, dass sie gleichmäßig
damit ummantelt sind. Die Energiekugeln
entweder sofort servieren oder für maximal
5 Tage im Kühlschrank aufbewahren.

Die Cashewnusskerne für etwa 2 Stunden
einweichen. Danach abspülen und abtropfen
lassen. Die Aprikosen grob zerkleinern. Zusammen mit den Cashewnusskernen, den Haferflocken, dem Vanillemark und 1 Prise Salz im
Standmixer oder in der Küchenmaschine zu
einem klebrigen Teig verarbeiten. Aus dem
fertigen Teig etwa 20 walnussgroße Kugeln
formen. Die Hanfsamen in ein Schälchen geben und die Kugeln so in den Samen wenden,
dass sie gleichmäßig damit ummantelt sind.
Die Energiekugeln entweder sofort servieren
oder für maximal 5 Tage im Kühlschrank
aufbewahren.

Sweets

ZUTATEN BEACHTEN

Bewusstsein für das zu entwickeln, was in einem
verzehrfertigen Lebensmittel steckt, kann Dir helfen,
bewusstere Entscheidungen bei der Auswahl
zu treffen. Die Reihenfolge der Zutatenliste verrät Dir
das Mengenverhältnis, beginnend bei der Zutat,
die den größten Teil des Produktes ausmacht.
Gerade Süßigkeiten, Gebäck oder Desserts, die es fertig
zu kaufen gibt, enthalten oft zu viel Zucker.
Bei selbst gemachten Naschereien hast Du eine viel
bessere Kontrolle darüber, was Du zu Dir nimmst.

NUSSIGES BANANENBROT

Für 1 Kastenform (ca. 28 × 10 cm)

ZUTATEN

100 g Butter plus etwas mehr für die Form
4 reife Bananen
3 EL Ahornsirup
2 Eier aus Freilandhaltung
100 g gemahlene Mandelkerne
150 Vollkornmehl nach Wahl (z. B. Dinkel, Weizen, Buchweizen)
2 TL Weinstein-Backpulver (erhältlich im Bioladen oder Reformhaus)
1 Prise Zimtpulver
100 g Walnusskerne (alternativ Pekannuss- kerne)
Salz

ZUBEREITUNG

Den Backofen auf 180 °C (Ober-/Unterhitze) vorheizen und eine Kastenform mit etwas Butter einfetten. Drei Bananen schälen und mit einem Kartoffelstampfer oder einer Gabel zu einer breiigen Masse zerdrücken. Die Butter, den Ahornsirup, die Eier und den Bananenbrei in der Küchenmaschine vermengen. Die Mandelkerne, das Mehl, das Backpulver, den Zimt und 1 Prise Salz dazugeben und alles zu einem glatten Teig verarbeiten. Zum Schluss die Walnusskerne grob hacken, eine Handvoll beiseitestellen und den Rest unter die Teigmasse heben.

Den Teig gleichmäßig in der Backform verteilen. Dann die vierte Banane schälen und der Länge nach halbieren. Die beiden Hälften mit der geschnittenen Seite nach unten längs auf den Teig legen und die übrigen Walnusskerne darüberstreuen. Das Bananenbrot auf mittlerer Schiene etwa 50–60 Minuten goldbraun backen. Anschließend abkühlen lassen und in acht bis zwölf Scheiben geschnitten servieren.

GEBACKENE ÄPFEL MIT MANDEL-CRUNCH

Für 4 Portionen

ZUTATEN

4 Äpfel (alternativ Pfirsiche)
1 Vanilleschote
2 EL frisch gepresster Orangensaft
4 EL Ahornsirup
60 g Mandelstifte
150 g griechischer Joghurt

ZUBEREITUNG

Den Backofen auf 180 °C (Umluft) vorheizen. Die Äpfel waschen, halbieren und entkernen. Dann rund um das Kerngehäuse eine kleine Mulde schneiden, auf der Außenseite eine kleine Scheibe abschneiden, damit die Äpfel stabil stehen können, und die Äpfel mit der Schnittfläche nach oben in einer ofenfesten Form verteilen.

Das Mark der Vanilleschote herauskratzen und in eine Schüssel geben. Den Orangensaft, den Ahornsirup und die Mandelstifte dazugeben und alles gut vermengen. Die Crunch-Mischung auf die Apfelhälften verteilen und alles auf mittlerer Schiene etwa 20 Minuten backen, bis die Mandelkerne gebräunt sind. Die gebackenen Äpfel mit dem griechischen Joghurt anrichten und warm servieren.

BEEREN-CRUMBLE

Für 1 Auflaufform (ca. 28 × 16 cm) mit ca. 4–6 Portionen

ZUTATEN

80 g kalte Butter
120 g Vollkornmehl nach Wahl (z. B. Dinkel,
    Weizen)
40 g Kokosblütenzucker (erhältlich im Bioladen
    oder Reformhaus; alternativ Vollrohrzucker)
Salz
250 g gemischte frische oder Tiefkühl-Beeren
    (z. B. Heidel-, Himbeeren)

ZUBEREITUNG

Den Backofen auf 200 °C (Ober-/Unterhitze)
vorheizen. Die Butter in kleine Stücke schneiden
und mit dem Mehl, dem Kokosblütenzucker
und 1 Prise Salz in eine große Schüssel geben.
Die Zutaten mit den Händen zu Streuseln verarbeiten, indem der Teig immer wieder zwischen
den Fingern zerrieben wird, bis er eine bröse-
lige Konsistenz hat und die Butterstücke vollständig untergearbeitet sind.

Dann die frischen Beeren waschen und verlesen
oder die tiefgekühlten auftauen und die Bee-
ren gleichmäßig in einer ofenfesten Form ver-
teilen. Anschließend die Streusel gleichmäßig
auf den Beeren verteilen und alles auf mittlerer
Schiene etwa 20–25 Minuten backen, bis die
Streusel eine leicht goldbraune Farbe haben.
Den Beeren-
Crumble aus dem Ofen nehmen, auf kleinen
Tellern verteilen sofort servieren.

BROWNIES MIT KAKAOGLASUR

Für 1 Backblech mit ca. 16 Portionen

ZUTATEN

Für die Brownies

300 g entkernte Datteln
100 g gemahlene Mandelkerne
100 g gemahlene Haselnusskerne (alternativ
    Mandelkerne)
60 g rohes Kakaopulver (erhältlich im Bioladen
    oder Reformhaus) (alternativ: leicht entöltes
    Kakaopulver)
Mark von ½ Vanilleschote
Salz

Für die Glasur

80 g Ahornsirup
50 g Mandelmus
20 g rohes Kakaopulver (erhältlich im Bioladen
    oder Reformhaus)

ZUBEREITUNG

Für die Brownies die Datteln halbieren und
für mindestens 30 Minuten einweichen. Den
Backofen auf 180 °C (Ober-/Unterhitze) vorheizen. Die Datteln aus dem Wasser nehmen
und mit 4–6 EL von dem Einweichwasser, den
Mandel-, den Haselnusskernen, dem Kakaopulver, dem Vanillemark und 1 Prise Salz in den
Standmixer oder die Küchenmaschine geben.
Alles zu einem glatten Teig verarbeiten. Den
Teig auf einem mit Backpapier ausgelegten
tiefen Backblech oder einer geeigneten Backform ca. 2 cm hoch verteilen. Den Brownie-
Kuchen auf mittlerer Schiene etwa 20 Minuten
backen. Anschließend abkühlen lassen.

Für die Glasur den Ahornsirup, das Mandelmus
und das Kakaopulver in einer Schüssel mit
dem Schneebesen gründlich vermengen. Den
Kuchen gleichmäßig mit der Glasur bestreichen
und für mindestens 1 Stunde in den Kühlschrank
stellen. Vor dem Servieren in etwa 16 gleich
große Brownie-Stücke schneiden.

SELBST GEMACHTE SCHOKOLADE

Für ca. 24 Stücke

ZUTATEN

200 g Kakaobutter

½ Vanilleschote (alternativ ½ TL gemahlene
   Vanille)

100 g rohes Kakaopulver (erhältlich im Bioladen
   oder Reformhaus)

75 g Ahornsirup

1 Prise Meersalz

2 EL gehackte Nusskerne nach Wahl
   (z. B. Pistazien-, Walnuss-, Haselnusskerne)

2 EL Samen nach Wahl (z. B. Hanf-, Chia-,
   Leinsamen)

3 EL getrocknete Früchte nach Wahl
   (z. B. Cranberries, Rosinen, Aprikosen)

ZUBEREITUNG

Wasser etwa 3 cm hoch für ein Wasserbad in einen Topf füllen und erwärmen, wobei es dampfen, jedoch nicht kochen sollte. Eine Metallschüssel, die am besten etwas größer als der Topf ist, in den Topf setzen. Wichtig ist, dass die Metallschüssel das Wasser nicht berührt. Die Kakaobutter mit einem Messer grob in Stücke schneiden und die Stücke im Wasserbad bei niedriger Temperatur langsam schmelzen. Währenddessen das Mark aus der Vanilleschote kratzen und mit dem Kakaopulver in einem Schälchen mischen. Sobald die Kakaobutter komplett geschmolzen ist, die Metallschüssel aus dem Wasserbad nehmen. Die Vanille-Kakaopulver-Mischung, den Ahornsirup und das Meersalz zu der Kakaobutter geben und alles mit einem Schneebesen gründlich verquirlen.

Kurz etwas abkühlen lassen, sodass die Schokoladenmasse wieder etwas dickflüssiger wird. Ein Backblech mit Backpapier auslegen und die Schokoladenmasse langsam darauf verteilen. Die Nusskerne, die Samen und die Trockenfrüchte sofort auf der Schokolade verteilen. Anschließend die Schokolade für mindestens 1 Stunde in den Kühlschrank stellen, bis sich Früchte und Schokolade fest verbunden haben. Die Schokolade mit einem Messer in etwa 24 Riegel schneiden, sofort servieren oder für maximal 10 Tage im Kühlschrank aufbewahren.

HIMBEER-NICECREAM

Für 2 Portionen

ZUTATEN

2 Bananen
125 g Tiefkühl-Himbeeren
2–4 Minzblätter

ZUBEREITUNG

Die Bananen schälen, in Stücke schneiden und für einige Stunden einfrieren. Die gefrorenen Bananenstücke mit den tiefgekühlten Himbeeren in einem Hochleistungsmixer cremig pürieren. Die Nicecream in zwei Schälchen anrichten, mit der Minze garnieren und sofort servieren.

VANILLEQUARK MIT ORANGENFILETS

Für 2 Portionen

ZUTATEN

$\frac{1}{2}$ Vanilleschote
$\frac{1}{2}$ unbehandelte Orange
250 g Magerquark
2 TL Leinöl
2 EL frische Vollmilch (alternativ Hafer-, Sojamilch, Wasser)
2 TL gehackte Pistazienkerne
4 TL flüssiger Honig

ZUBEREITUNG

Die Vanilleschote längs halbieren und das Mark herauskratzen. Die Orange heiß abspülen, trocken reiben und etwas Schale abreiben. Den Magerquark, das Leinöl, die Milch, das Vanillemark und den Orangenabrieb in einer Schüssel mit dem Schneebesen glatt rühren. Die Orangen nun komplett schälen, sodass die Haut vollständig entfernt ist. Die Orangenfilets einzeln aus den Trennhäuten schneiden. Den Quark in zwei Schälchen anrichten. Dann mit den Orangenfilets belegen, je 1 TL Pistazienkerne darüberstreuen, zum Schluss je 2 TL Honig darüberträufeln und servieren.

DINKEL-GEWÜRZ-KEKSE

Für ca. 2 Bleche

ZUTATEN

250 g Dinkelvollkornmehl plus etwas mehr für
  die Arbeitsfläche
1 Msp. Weinstein-Backpulver (erhältlich im
  Bioladen oder Reformhaus)
Salz
1 TL Zimtpulver
$1/4$ TL Gewürznelken
$1/4$ TL Muskat
125 g kalte Butter
1 Ei aus Freilandhaltung
70 g Kokosblütenzucker
50 g Zartbitter-Schokodrops (optional)

ZUBEREITUNG

Das Mehl mit dem Backpulver, 1 Prise Salz und
den Gewürzen vermischen. Dann die Butter
in Stücke schneiden und mit dem Ei und dem
Zucker vermengen. Zum Schluss die Mehlmi-
schung unterheben und alles mit den Händen
gründlich zu einem glatten Teig kneten. Falls
verwendet, Schokodrops dazugeben und
gründlich unterkneten. Den Teig zu einer Kugel
formen, in eine Schüssel legen, abdecken und
mindestens 1 Stunde im Kühlschrank ruhen
lassen.

Den Backofen auf 180 °C (Ober-/Unterhitze)
vorheizen. Den Teig auf einer bemehlten Arbeitsfläche etwa $1/2$ cm hoch ausrollen und Kekse
ausstechen. Ein bis zwei Backbleche mit Backpapier auslegen, die Kekse darauf verteilen
und auf mittlerer Schiene 8–10 Minuten backen. Anschließend abkühlen lassen. Die Kekse
entweder sofort servieren oder luftdicht
verschlossen in einer Blechdose oder einem
ähnlichen Behälter für maximal 5 Tage aufbewahren.

Smoothies & Getränke

AUF SAISONALITÄT ACHTEN

Achte beim Kauf von Gemüse und Obst öfter
auf Regionalität sowie Saisonalität. Überlege also:
Woher kommen das Gemüse und Obst, das Du
kaufen willst? Ist das Herkunftsland weit entfernt,
prüfe nach: Was wächst gerade bei uns, was kommt
evtl. sogar aus der näheren Umgebung, womit
Du ebenso gut kochen könntest? Wenn Du auf dem
Markt einkaufen gehst, kannst Du den Gemüsehändler
direkt fragen, im Supermarkt helfen Dir die
Hinweise auf den Preisschildern im Regal.

FRUCHTIGE SMOOTHIES IN 3 VARIATIONEN

Für jeweils 2 Portionen

ZUTATEN

Für den Goldenen Smoothie
1 Birne
1 Handvoll Mandelkerne
1 TL Kurkumapulver
½ TL Ingwerpulver
schwarzer Pfeffer aus der Mühle
1 TL Kokosöl
250 ml ungesüßte Mandelmilch

Für den Grünen Smoothie
2 große Handvoll grünes Blattgemüse
    nach Wahl (z. B. Babyblattspinat, Feldsalat,
    Grünkohl)
1 Apfel
2 TL geschrotete Leinsamen
2 EL Haferflocken

Für den Beeren-Smoothie
2 Handvoll Beeren nach Wahl
1 Banane
¼ TL Zimtpulver
2 EL Hanfsamen (optional)
300 ml ungesüßte Hafermilch

ZUBEREITUNG

Die Birne waschen und entkernen. Das Obst mit den Mandelkernen, der Kurkuma, dem Ingwer, 1 Prise Pfeffer, dem Kokosöl und der Mandelmilch in einem Standmixer zu einem cremigen Smoothie mixen. Den Smoothie auf zwei Gläser verteilen und sofort servieren.

Das Blattgemüse gründlich waschen. Den Apfel waschen, entkernen und grob klein schneiden. Das Blattgemüse, den Apfel, den Leinsamen und die Haferflocken mit 250 ml Wasser in einem Standmixer zu einem cremigen Smoothie mixen. Den Smoothie auf zwei Gläser verteilen und sofort servieren.

Die Beeren waschen und verlesen. Die Banane schälen und grob zerkleinern. Das Obst mit dem Zimt, den Samen und der Hafermilch in einem Standmixer zu einem cremigen Smoothie mixen. Den Smoothie auf zwei Gläser verteilen und sofort servieren.

SELBT GEPRESSTER SAFT IN 3 VARIATIONEN

Für jeweils 2 Portionen

ZUTATEN

Für den Sellerie-Gurken-Saft
4 Stangensellerie
½ Salatgurke
2 Äpfel

Für den Karotten-Ingwer-Saft mit Leinöl
6 Karotten
1 Stück Ingwer (ca. 2 cm)
1 Birne
1 Orange
2 TL Leinöl

Für den Rote-Bete-Saft
6 Knollen Rote Bete
1 Apfel
1 Handvoll frische oder Tiefkühl-Beeren nach
    Wahl (z. B. Heidel-, Himbeeren)
1 Limette

ZUBEREITUNG

Den Sellerie, die Gurke und die Äpfel waschen und grob klein schneiden. Alles nach und nach in einen Entsafter geben und entsaften. Den Saft auf zwei Gläser verteilen. Optional kann der Saft auch im Verhältnis 1:1 mit Wasser verdünnt werden.

Die Karotten und die Birne waschen. Die Karotten und den Ingwer schälen und in Stücke schneiden. Die Birne ebenso in Stücke schneiden. Die Karotten, den Ingwer und die Birne nach und nach in einen Entsafter geben und entsaften. Die Orangen auspressen und den Saft mit dem Karotten-Ingwer-Saft verrühren. Den fertigen Saft auf zwei Gläser verteilen, je 1 TL Leinöl darüberträufeln und servieren. Optional kann der Saft auch im Verhältnis 1:1 mit Wasser verdünnt werden.

Die Rote Bete schälen und die Äpfel waschen, danach alles in Stücke schneiden. Dann die frischen Beeren waschen und verlesen, die tiefgekühlten auftauen. Die Obststücke und die Beeren nach und nach in einen Entsafter geben und entsaften. Die Limette auspressen und den Saft mit dem Rote-Bete-Apfel-Saft verrühren. Den fertigen Saft auf zwei Gläser verteilen und sofort servieren. Optional kann der Saft auch im Verhältnis 1:1 mit Wasser verdünnt werden.

HEISSE MILCH
IN 3 VARIATIONEN

Für jeweils 2 Portionen

ZUTATEN

Für die heiße Kamille-Milch

500 ml ungesüßte Pflanzenmilch nach Wahl
(z. B. Mandel-, Soja-, Hafermilch)
2 TL Kamillenblüten oder 2 Teebeutel Kamillentee
2 TL Ghee (Butterreinfett, erhältlich im Bioladen
oder Reformhaus; alternativ Butter)
2 TL Honig (optional)

Für die heiße Kurkuma-Milch

500 ml ungesüßte Pflanzenmilch nach Wahl
(z. B. Mandel-, Soja-, Hafermilch)
2 TL Kurkuma Pulver
$\frac{1}{4}$ TL schwarzer Pfeffer
2 TL Kokosöl
2 TL Ahornsirup (optional)

Für die heiße Gewürz-Schokolade

4 Datteln ohne Kern
500 ml ungesüßte Pflanzenmilch nach Wahl
(z. B. Mandel-, Soja-, Hafermilch)
2 EL rohes Kakaopulver (erhältlich im Bioladen
oder Reformhaus)
2 Zimtstangen (alternativ 1 TL Zimtpulver)
4 Kardamomkapseln (alternativ $\frac{1}{2}$ TL gemahlener Kardamom)
2 Sternanis

ZUBEREITUNG

Die Milch in einen kleinen Topf geben, bei mittlerer Temperatur ein paar Minuten erwärmen.
Die Kamillenblüten und das Ghee dazugeben
und für ca. 10 Minuten bei niedriger Temperatur
ziehen lassen. Zum Schluss die Milch nochmals
für ca. 1 Minute erhitzen, in zwei Tassen verteilen und heiß servieren. Nach Bedarf mit Honig
abschmecken.

Die Milch in einen kleinen Topf geben, bei mittlerer Temperatur ein paar Minuten erwärmen.
Den Kurkuma, den Pfeffer und das Kokosöl
dazugeben und für ca. 10 Minuten bei niedriger
Temperatur ziehen lassen. Nach Bedarf mit
Ahornsirup abschmecken. Zum Schluss die Milch
nochmals für ca. 1 Minute erhitzen, in zwei Tassen verteilen und heiß servieren.

Die Datteln mit der Milch und dem Kakaopulver
in einem Standmixer gründlich pürieren. Dann
die Mischung zusammen mit den Zimtstangen,
den Kardamomkapseln und dem Sternanis in
einem kleinen Topf bei mittlerer Temperatur
ein paar Minuten erhitzen. Anschließend die
Temperatur reduzieren und die Schokolade bei
niedriger Temperatur etwa 15 Minuten ziehen
lassen. Zum Schluss die Schokolade nochmals
für ca. 1 Minute erhitzen, in zwei Tassen verteilen und heiß servieren.

INFUSED WATER
IN 3 VARIATIONEN

Für jeweils 1 Liter

ZUTATEN

1 l stilles Wasser (Mineralwasser, gefiltertes Wasser, Quellwasser)

Für das Infused Water mit Apfel, Vanille und Zimt
1 unbehandelter Apfel
1 Vanilleschote
2 Zimtstangen

Für das Infused Water mit Zitrone und Basilikum
1 unbehandelte Zitrone
4 Stängel frisches Basilikum

Für das Infused Water mit Ingwer und Thymian
1 große Knolle unbehandelten Ingwer
3 Zweige frischer Thymian

ZUBEREITUNG

Den Apfel waschen, halbieren, entkernen und in dünne Scheiben schneiden. Die Vanilleschote der Länge nach einritzen. Den Apfel, die Vanilleschote und die Zimtstangen in eine Karaffe geben, mit dem stillen Wasser auffüllen und vor dem Servieren etwa 30–60 Minuten ziehen lassen.

Die Zitrone gründlich waschen und quer in Scheiben schneiden. Das Basilikum waschen. Beides in eine große Karaffe geben, mit dem stillen Wasser auffüllen und vor dem Servieren etwa 30–60 Minuten ziehen lassen.

Den Ingwer gründlich waschen und längs in Scheiben schneiden. Den Thymian waschen. Beides in eine große Karaffe geben, mit dem stillen Wasser auffüllen und vor dem Servieren etwa 30–60 Minuten ziehen lassen.

THEMENREGISTER

REZEPTVERZEICHNIS

ZUTATENREGISTER

ÜBER DIE AUTORIN

»Eine gesunde Beziehung zu Essen ist die Basis einer gesunden Ernährung.«

Nadine Hüttenrauch ist Ernährungs- und Gesundheitscoach, Journalistin bei Bild der Frau online, Trainerin und Beraterin für Unternehmen im Bereich Lebensmittel, Essen und Ernährung. Sie verfolgt einen ganzheitlichen und individuellen Ansatz, der Menschen unterstützt, bewusster und achtsamer zu leben und damit ihre ganz persönliche, richtige Ernährungs- und Lebensweise zu finden. Aus eigener Erfahrung weiß sie, welche großen Herausforderungen der moderne Lebensstil in diesem Zusammenhang mit sich bringt. Auf ihrem Blog »Natürlich Nadine« teilt sie Wissen und Inspiration für eine achtsame Ernährung sowie gesunde Genussrezepte. Dies ist ihr erstes Buch. Sie lebt und arbeitet in Berlin und Frankfurt am Main.

HILFREICHE LITERATUR

Albers, Susan, *Essen, trinken, achtsam genießen – Praxisübungen für ein Leben im Gleichgewicht*, 2010, Arbor Verlag

Bays, Jan Chozen, *Achtsam essen*, 2011, Arbor Verlag

Brewer, Judson, *Das gierige Gehirn – Der achtsame Weg, Alltagssüchte loszuwerden*, 2018, Kösel-Verlag

Danz, Antonie, *Das kleine Buch vom achtsamen Essen*, 2015, Knaur Taschenbuch

Frankenbach, Thomas, *Somatische Intelligenz – Hören, was der Körper braucht*, 2015, KOHA-Verlag

Kabat-Zinn, Jon, *Gesund durch Meditation – Das vollständige Grundlagenwerk zu MBSR*, 2013, O. W. Barth Verlag

Kabat-Zinn, Jon, *Gesund durch Meditation – Die Praxis der Meditation* (Audio-CD/Hörbuch), 2013, Argon Verlag

Kabat-Zinn, Jon, *Im Alltag Ruhe finden – Meditationen für ein gelassenes Leben*, 2015, Knaur Taschenbuch

Nhat Hanh, Thich und Cheung, Dr. Lilian, *achtsam essen, achtsam leben – Der buddhistische Weg zum gesunden Gewicht*, 2012, O. W. Barth Verlag

Resch, Elyse und Tribole, Evelyn, *Intuitiv Abnehmen – Zurück zu natürlichem Essverhalten*, 2013, Wilhelm Goldmann Verlag

IMPRESSUM

Verantwortlich: Miriam Sender Gorriz
Redaktion: Constanze Lüdicke
Layout und Satz: satz & repro Grieb, München
Korrektur: Anne Di Nunzio
Umschlaggestaltung: Leeloo Molnar
Repro: LUDWIG:media, Zell am See
Herstellung: Barbara Uhlig

Printed in Slovenia by Florjancic

Text: Nadine Hüttenrauch
Fotografie: Alle Fotos in diesem Buch und auf dem Umschlag stammen von Nadine Hütten-rauch, mit Ausnahme von S. 12/13, 44/45: shutterstock.com/kues; S. 16/17, 96/97: shutter-stock.com/Ton Kung; S. 20: shutterstock.com/casanisa; S. 29: shutterstock.com/9to9studio; S. 30: shutterstock.com/gostua; S. 33: shutter-stock.com/SoNelly; S. 37: shutterstock.com/Nelli Syrotynska; S. 39: shutterstock.com/Kiian Oksana; S. 43: shutterstock.com/Pinkasevich; S. 52: shutterstock.com/GingerKitten; S. 54: shutterstock.com/Oksana Shufrych; S. 56: shutterstock.com/fizkes; S. 60/61, 78/79: shutter-stock.com/MeSamong; S. 114/115: shutterstock.com/mexrix; S. 128/129: shutterstock.com/Chinnapong; S. 144/145: shutterstock.com/AVN Photolab

Unser komplettes Programm finden Sie unter:

www.christian-verlag.de

Sind Sie mit diesem Titel zufrieden? Dann würden wir uns über Ihre Weiterempfehlung freuen.

Erzählen Sie es im Freundeskreis, berichten Sie Ihrem Buchhändler oder bewerten Sie bei Onlinekauf. Und wenn Sie Kritik, Korrektu-ren, Aktualisierungen haben, freuen wir uns über Ihre Nachricht an:

Christian Verlag
Postfach 40 02 09
D-80702 München
oder per E-Mail an lektorat@verlagshaus.de

Die Deutsche Nationalbibliothek verzeichnet diese Publikation in der Deutschen National-bibliografie; detaillierte bibliografische Daten sind im Internet über http://dnb.d-nb.de abrufbar.

ISBN 978-3-95961-405-4

Ebenfalls erhältlich ...

ISBN 978-3-95961-399-6

ISBN 978-3-95961-370-5

ISBN 978-3-95961-190-9

ISBN 978-3-95961-284-5

CHRISTIAN

www.christian-verlag.de